# 我在名校等你来

杨开泰　张彤
/
主编

清华大学出版社
北京

## 内 容 简 介

本书收录了 28 名在新高考改革后（以 2022 届学生为主）从黄冈中学考入或通过强基计划保送到清华、北大等名牌院校的学生的高考故事，讲述了他们的成长经历、学习经验、高中生涯，分享了他们的应试技巧、学习方法、心路历程，附以高中时期的学习图片，并由黄冈中学名师予以点评。

他们的讲述真实自然，充满睿智。他们也曾普通平凡、失败苦恼、迷茫彷徨，但靠着严谨踏实、专注热爱、沉静乐观的精神战胜了自己，超越了自我，成为最好的自己。本书旨在激励中学生在成长过程中找到希望，在迷茫中坚定信心，并帮助中学生找到适合自己的学习方法，充分发挥自己的潜能，从而赢得高考，走向成功，收获成长。

**图书在版编目（CIP）数据**

我在名校等你来 / 杨开泰，张彤主编 .— 北京：清华大学出版社，2024.1
ISBN 978-7-302-65152-9

Ⅰ.① 我… Ⅱ.① 杨… ② 张… Ⅲ.① 中学生－学习方法 Ⅳ.① G632.46

中国国家版本馆 CIP 数据核字（2023）第 251522 号

**责任编辑：**张尚国
**封面设计：**秦　丽
**版式设计：**楠竹文化
**责任校对：**马军令
**责任印制：**沈　露

**出版发行：**清华大学出版社
　　　　网　　　址：https://www.tup.com.cn，https://www.wqxuetang.com
　　　　地　　　址：北京清华大学学研大厦 A 座　　　邮　　编：100084
　　　　社 总 机：010-83470000　　　　　　邮　　购：010-62786544
　　　　投稿与读者服务：010-62776969，c-service@tup.tsinghua.edu.cn
　　　　质量反馈：010-62772015，zhiliang@tup.tsinghua.edu.cn
**印 装 者：**三河市东方印刷有限公司
**经　　销：**全国新华书店
**开　　本：**170mm×240mm　　　**印　张：**15.75　　　**字　数：**252 千字
**版　　次：**2024 年 1 月第 1 版　　　　　　　**印　次：**2024 年 1 月第 1 次印刷
**定　　价：**69.80 元

产品编号：100325-01

# 本书编委会

**主编** 杨开泰　张　彤

**编委**（按拼音排序）

蔡　盛　龚栋梁　何　祥　李神斌

罗　辉　彭北海　秦　鹏　吴继武

吴谱胜　张　旭　周永林

# 序 让成长真实地发生

新政策来了，可是高考出题更灵活了！

我家细伢（方言，意为"孩子"）能适应高中吗？

选科组合那么多，我到底该选择什么组合？

——总是听到身边不少学生与家长发出类似的感慨与疑惑。

身为高中教育一线的老师，我坚定地认为，新高考、新课标、新教材的相继推行符合党和国家需要，符合未来教育发展方向，符合立德树人的根本要求，其必然性、必要性乃至紧迫性都很明显。我曾经在课堂上和学生即兴讲过这样一段话：

"在座的大家生于北京奥运前后，大家三十而立之年，是社会主义现代化基本建成之时；大家四十多岁壮年之时，是中华民族伟大复兴、社会主义现代化强国实现之年。民族的伟大复兴，靠大家来实现；复兴之后，我们这个民族将去向何方，靠大家的能力、素养、智慧与格局引领。"

学生们听到这段话时，眼里有光。

学生眼里的光，既让我感动，也让我产生很大的压力：我能教好他们吗？我对得起他们的青春岁月吗？我能给他们提供充分且不泛滥、到位但不越位的帮助，让他们成为"最优秀的自己"吗？

为此，我朝乾夕惕，三省吾身。我和同事们也都在这种使命感的驱动下兢兢业业、团结协作，奉献着我们略显笨拙的努力。

现实中有个难题：高中生虽然不成熟，但很有思想；虽然不全面，但很有个性。他们往往以怀疑的眼光审查成人世界的一切价值，用茁壮成长的思想抗拒各种形式的说教，稍有不慎，就会陷入"道高一尺，魔高一丈"的循环怪圈。加大教育难度之余，更可惜的是，有不少学生为了对抗，一概不听，甚至步入歧途。更有甚者，每一届选科之时，都有极个别的家长强制学生按照家长的意愿选择，使学生最终丧失了求知欲与上进心，长期一蹶不振……

有不少家长时常和我讲："我家孩子完全不听我的话，您说一句顶我们讲一万句。"这里面有对老师的鼓励，也有对孩子教育的无奈。"一句顶一万句"是不可能存在的神话，但我们确实发现，换个方法，效果会更好一些。起先我们用经典故事、名人事迹鼓舞他们，但随着他们获取信息的能力越来越强，这些素材的新鲜感不够，教育能量下降。我们发现，他们更喜欢来自身边的榜样，来自他们看得见、摸得着、模仿得了的案例方法。这些经过实践考验的同辈，有些是他们的同乡，有些甚至是大他们几岁的哥哥、姐姐，有些是同门师兄——横亘在抽象道理与个性化成长之间的"楚河汉界"，在这种奇异的情感联结中消弭于无形。

在这样的实践中，一方面，我们惊讶于每一届新生越发强烈的个性，因此牵线搭桥，组织各种活动，构建这种平台，也由此形成了黄冈中学薪火相传的精神传承。另一方面，我们在这个过程之中受到思想的冲击、理念的迭代。比如说，关于暑假如何度过，我们有的班主任曾奉网络名言"暑假是用来超越的"为圭臬，但听到钟忻奕同学所说"假期既要努力，保持学习习惯和感觉，也要充分休息，不要绷得太紧"——我们立刻就明白我们被当下学生"嫌弃"的原因了。将这些真实、鲜活的故事讲述给学生，往往能起到出乎意料的效果，这种影响是潜移默化而又深远持久的。

黄冈中学是教育界的神话。黄冈是革命老区、大别山区、四线城市，黄州区常驻人口不足 50 万人，一百多年来，从这里走出了党和国家的重要领导人董必武，著名文艺理论家胡风，中国科学院院士、国家自然科学一等奖获得者舒德干，嫦娥工程运载火箭系统总设计师贺祖明，音乐家王原平，在亚运会上一举夺得 4 枚金牌的体育健将邱波，生物学家、"时代楷模"钟扬等一大批优秀人才。改革开放以来，黄冈中学先后有 800 多名学生被保送至北大、清华等著名大学深造；在各类中学生学科竞赛中，有 3000 多人次获国家级奖励，200 多人进入全国冬令营，100 多人入选国家集训队，林强、库超、王崧等 15 名学生在国际数、理、化奥林匹克竞赛中共获得 19 枚奖牌。黄冈中学被誉为"孕育英才的基地，培养国手的摇篮""普通中学的一面旗帜"。

黄冈中学其实不是神话。你能从这里看到：考进北大的学姐刚进高中时曾内心崩溃，回家休息了几天；考进北大的学长也曾在网课期间"浑浑噩噩"，也曾与班主任争执得面红耳赤。他们有的从年级近五百名冲到高考摘取全省探花；有的分科后长期在瓶颈期里煎熬挣扎、默默耕耘，最终考入清华，用实践向我们证明了"天道酬勤"；也有的用科学的方法、亲身的经历再一次告诉我们"勤奋很重要，休息也很重要；学习很重要，生活也很重要"的朴素道理……书中引用了学长、学姐亲自发来的大量资料照片，这些都是他们反复使用的东西，虽不完美，但贵在真实，或许能对大家的成长有所启发。这些都是"成长"的故事，而非"神"的故事。

对他们的喜怒哀乐、酸甜苦辣，我充满敬畏，作为编者，除对个别字眼校对修改之外，一仍其旧，力求保持原汁原味，以飨全国读者。

写到这里，我突然想起陶渊明《桃花源记》里的一句极其普通而又动人的话：

"山有小口，仿佛若有光。"

如果高中生涯是座难以翻越的大山，那么就把这句话、这本书送给大家……

最后衷心感谢为这本书的出版付出了大量心血的各位老师和同学，感谢清华大学出版社张尚国策划编辑对我们的信任和鼓励！有了你们的支持与参与，才有了我们组稿的勇气和力量；有了你们的帮助，才有了这本书的顺利问世。谢谢你们！

编　者

2023 年 12 月

# 目录

## Per Aspera Ad Astra　循此苦旅，直抵群星
——高一曾"休学"回家，高考圆梦北大 / 邢泽钰

每年的学期初，不同年级的人会升入不同的楼，看着曾经自己的教室里搬进新人，总是一阵唏嘘：不会有人永远 18 岁，但永远有人 18 岁。弘毅楼、崇德楼、求真楼见证了一代又一代的人，我们是那么的类似，又是那样与众不同，因为我们无可替代。把握当下，这就是属于我们的最好的青春时光。

## 等一次终至的荣光
——平行班的我，分科后的两年多都是瓶颈期 / 刘杜娟

高中三年的时光转瞬便从沙沙落笔声中溜走。哭泣与欢笑，最后都烙印于我的灵魂深处，成为我的一部分。学到的知识或许会逐渐淡忘，但素养与思维影响我至今。希望每位同学亦能把握好这三年时光。

我想说的是，没有走到最后，你又焉能觉得自己无法突破极限？但是要突破这一难关，需要沉静与乐观的心态。……哪怕数学很难，我也一直对它怀有微妙的情感，直至最后甚至以平静的心态与它达成了和解。我并不惧怕数学，甚至会期待每一次数学考试，希望它能给我证明自己的机会。尽管每一次都事与愿违，但有了沉静的期待，就不会再沉沦于眼前的苟且。

### 高楼万丈平地起，青春三年不愧己

——文科素养零基础，终成北大传媒人 / 詹美琦

保持空杯心态意味着对知识永远保持谦卑。尤其是在面对一些基础知识的时候，不要好高骛远，基础知识仍需要我们反复锤炼。……在知识面前保持谦卑，不要狂妄，哪怕是基础知识，它也有值得我们探索的东西。

空杯心态也意味着过了一个阶段就及时将自己清空，不要总是沉浸在过去的事情里。如果过去的积累不够，那就把过去都通通清空吧，用现在的努力作答，只有现在才能决定你的未来。不必为过去愧疚不已，保持轻盈的姿态去完成当下的事情，用当下的每一个行动书写你的未来。如果过去取得了骄人的成绩，也忘了它吧，因为未来还有更重要的目标等着你去实现，当下还有更重要的事情等着你去做。只有每经过一个阶段就抖抖身上的土，我们才能走得更远。

### 意外的惊喜：圆梦清华

——从年级排名靠后到摘取全省探花 / 喻梓洋

心态的调节可以通过多种方法实现，在此仅列出我最重视的一个——放空。中国的文化总归是有一些禅意的，如道家的哲学——谈论"无"的哲学。即使到今天，这样的文化底蕴也依然存在，所以不妨借用。许多人试图让每分每秒都充满"意义"：这 10 分钟我做了一道题，这 1 小时我背了两课书，等等。实际上，按道家的哲学，"有"是从"无"中生出来的，看似虚度的光阴实际上也有其意义。有时候我们不妨让自己停下来，看看周围的人，听听他们的故事，自然有经验教训从那看似无用的闲聊、发呆中得来，自然有暂时脱离内卷苦海的自在感受。"放空"（类似于禅家的冥想）是这个年代很多人忘记的中国人特有的人生哲学和才能，在此向各位推荐。

## 我依然可以前进

——五彩斑斓的高中生涯 / 胡恭胜

攀登的过程也许漫长，但巅峰的风景是值得的。前进永远是胜利者的姿态，困难永远是失败者的借口，我期待自己上北大时就相信未来我会迎风起舞。

"我曾踏足山巅，也曾跌入低谷，二者都让我受益良多"，如果只要奋斗就会平步青云，那事情都变得简单了，所以挫折意味着转变，或许是有些方面出错了。于是我从最初的质疑自己转变为改变自己，穷则思变，只有检验出问题，考试才有意义。

## 高中学习

——对理科充满热爱 / 刘　宽

曾经以为走不出的日子，现在都回不去了。……

那时"躺平"和"内卷"的概念还没兴起，疫情风波带来的封闭式管理让我以为高中会这样平淡地过去，但事实是高三孕育着新生与成长。……在百日誓师的时候，班主任让我们每个人写一封信给未来的自己，当时我毫不犹豫就落笔了——我希望我能成为自己的神。

代数问题最忌讳懒得运算，很多时候代数间的关联就深藏于运算之中，这是更为本质的东西；而几何问题最忌讳懒得作图，不作出一份图很难看到某些几何上的关联。

## 高中拾忆

——从奥赛退出之后，用两年时间圆梦北大 / 梅凌睿

勤思则得，善问则裕，通往成功的路必然是荆棘丛生的，但当我们站在理想的终点时，我们也可以骄傲回看来时的路。

## 关于教育和我

——曾浑浑噩噩，也曾与班主任争执得面红耳赤 / 田家骏

67

　　高中的学习强度很大，效率是决定效果的重要变量。张老师在我们的教室里贴上了一句话，内容是"让学习真正地发生"。直到现在我还常常回想起这句话，无论我在做什么，我都尝试着让我手头上的事"真正地发生"。何谓"让学习真正地发生"？换言之，什么样的学习并非真正地发生？

　　低劣的"有"甚至不及"无"。在疲惫的时候学习，只会更加疲惫，并且你在学习的每一秒里都发挥不出自己的真实水平，更可能引起对自己学习能力的怀疑，进而导致你的水平倒退。精力不足，心态自然也不会平稳，这两点往往存在正相关的关系。

## 高三回忆

——高三伊始，我曾想放弃自己的清北梦想 / 毛维科

73

　　在燕园度过一个学期后，我再回首那段时光，总会多一种感觉，那就是羡慕。我羡慕那段时间只需要为一个目标努力而不需要考虑太多其他的事情。……我用"充实"形容高三，虽然有美化回忆的倾向，但也确是我此时此刻真实的感受。

## 高中学习心得

——被评为"学习标兵"，有三个关键词对我影响最大 / 陈烨豪

83

　　心态的建设并非一朝一夕就能成功的。在我看来，最理想的心态有几种表现形式：在逆境中前进，在失败后反思，在荣誉前谦虚，在考试中专注。

　　数学是一门很灵活的学科……首先要理解定义，只有理解各种各样的定义才可以熟练运用，不要一上来就做题，明白"什么是什么"更重要。假如现在让你回想一下导数的定义是什么，你是否能想起来？定义类似于根基，基础不牢，地动山摇，一味做题最后只会陷入迷茫。

### 我的高三生活

——小学时排名中等偏下，用勤奋圆梦北京大学 / 李傲挺

109

到了高三，有不熟悉的知识板块是很正常的现象，没必要慌张。但是，一定要直面自己的问题，知道自己哪里不熟悉就做相应的训练……知识点一定要一个一个突破，而不是想着每天重复地刷综合卷。个人并不提倡这种行为，你刷的题中如果有很多是你会的，虽然可能会做得比较爽，正确率很高，但其实效率是偏低的，只是给自己一种心理安慰罢了。

### 偏文理科生的破局之路

——理科思维能力一般，我靠双语双"140"考进北大 / 黄舒程

115

青春期的少年，一定要有赖以骄傲的东西。我们不需要说出来，但是在心中永远不要认为自己的处境已经固定了，你要相信：别人可以，我也可以。初中优势明显的科目，高中我也要发光发热让老师看到，只有这样，你才能跨过心理困境。很多时候学习是自我战斗，你不认输，就永远有机会。

### 昭昭金线成文脉，落落丹心最少年

——发散思维发达的我，靠结构化思维考进复旦大学 / 童梓豪

123

结构化的思维和表达是文章之术、成事之法、成才之道。

对于一篇意在讲道理、达思想，要求清晰明了的文章，结构化的方法和标准值得被奉为圭臬。"扣得住、岔得开、排得顺"，简简单单的九个字高度概括了核心。具体而言，就是在整篇文章中，分论点支撑中心论点，在每个论证段落中，论据支撑分论点，而分论点互不重合，排列运用互不雷同，就是"扣得住、岔得开"，也就建起了一座稳固的塔。而编织金线的"排得顺"是最难的，也是最体现思想和逻辑光芒的地方，要求层层递进，前后相承，而不是简单机械地枚举归纳。

何止是高考学科呢？做任何一件事，对于结构化思维和表达的运用都能够使人如有神助。

## 我的一点学习体会
——从想要逃离政治，到痴迷政治 / 李鑫怡

我当时肤浅地以为政治就是靠背，因而为背很多东西感到痛苦。最痛苦的是政治主观题作答要写很多东西，可自己每次考试写了很多，分数却不怎么高。还好，老师一针见血地指出我的问题所在：我还没学入门。于是，我就去深入地学习，去钻研学习背后的道理。渐渐地，我发现政治并不像我想象中那么浅显，反而是充满智慧的。每当学会一个知识点，我便感受到自己的成长，内心非常充盈。而当我将政治知识点的道理弄明白之后，其实需要背的部分就非常有限了。其他的学科也是这样，越学就越觉得有意思，也会更加想要去学习。学得通透后，成绩自然上去了，也能获得高分这种明面上的"爽"感。

## 尽量有意义且不后悔地度过高中时光
——开局一手烂牌，脑瓜不太聪明，但我拥有激情和热血 / 钟忻奕

在高中三年的短短旅程中，我们在向外界问道，同时自己也在开创道。要寻的道，既是自我成长的道，也是苦乐一体的道；既是怎样度过的方法，也是一条靠自己开创独特风景的道路，同时也是获得自身成长后的特质……我们不妨将这三年看成一场问道的旅途，在漫无边际的森林里，循着自我的痕迹，找到我们坚定的道。

在我自身的经历里，迷茫无措常有，失望悲伤不少，但从没有松懈和停止过探寻。而我最终找到的那一点方向，可总结为一贯的坚持自律而最终形成的自然而然的习惯，以及一点点信念感和热血，或者你可以称它为"中二"。下面我会讲述像我这样的拿着一手烂牌又没有聪明脑瓜、可是充满激情和热血的后天努力拼命型学生是怎样在高中蜕变的。

153

## 浩渺行无极，扬帆但信风
——起点很低，数学逆袭的"半吊子"文科生 / 陈 银

诚然，时至今日，我才慢慢明白：每个人在当下闪耀，身后都留下一路坎坷，没有那么多天才，他们只是在不同的地方暗自发芽。因此，盲目比较不可取，我们更应该通过这种比较去找到对方的闪光点，取长补短，不断地优化自身。我们无法避免比较，那就尽量把它转化为良性的动力。

我曾经历过一段失败的友谊。那时的我夜不能寐、心烦意乱，学习状态极差。"时间会冲淡一切，很多事情并不是那么重要"，现在回看这句话，感慨万千，所以我想把它送给读到这篇文章的学弟、学妹们。我们的人生很长很长，当下很重要，但并不是唯一，如果有些什么想不明白的，就把它交给时间吧，专注自身，未来自会奔我们而来。

161

## 18 岁，遇见自己
——爸爸说我"文理都学不好"，我通过强基计划进入人大 / 余晨曦

考完，走出考场，我的脚步都是轻浮的，像踩在云朵上，飘飘然，手心里也都沁出了汗水，我却感到了一种前所未有的快乐与轻松。晚上，庆祝完我终于度过了人生中的第一个重要关卡，我又回到了自己住了一年的陪读房。楼下，灯火通明，烟雾缭绕，成群结队的学弟、学妹们刚下晚自习，在各个小吃摊前流连辗转，热热闹闹。几天之前我也是他们中的一员，看着面前的人来人往、嬉笑打闹，我的眼角不由得湿润了。时光飞逝，岁月如梭，我终于走过了这一程。

天才画家梵高说：我越来越相信，创造美好的代价是努力、失望以及毅力。首先是疼痛，然后才是欢乐。这 18 年的大风小浪也在告诉我，成长的过程中必然要经历阵痛，羽化成蝶的过程也必然是伴随着疼痛的。成长，我们都只有一次机会，在这条路上，稚气懵懂的我们获得了成长的勇气，变得更坚强。何其有幸，18 岁，我遇见了自己。

169

## 我的一点学习心得

——来自红安的小山村，我靠刻意练习走向人大 / 张晗培

给我留下深刻印象的一个例子是，我常常在问完问题后问历史老师："老师，您觉得我最近学习怎么样？为什么成绩没有提升呢？是不是哪里有问题？"老师自然高瞻远瞩，往往能一针见血地指出我"身在此山中"看不出的漏洞，比如身上的浮躁之气、一些屡教不改的答题陋习。有时候老师也会告诉我：没问题，你做得都很好，这个时候不要急功近利，把一切交给时间，相信自己就好。我的高中老师们都非常好、非常负责，对我很有耐心、很包容，我的成绩离不开他们对我的谆谆教诲和陪伴。苏格拉底曾说，未经审视的生活是不值得过的。我所理解的审视，就是反思，然后不断地改进以求进步。每次合上总结本的时候，我都会默念封面上写的字："凡是过往，皆为序章；继往开来，乘风破浪。"

179

## 一个逆袭文科生的心得体会

——我对文科爱得深沉，我在文科中学以成人 / 易明瑞

共情能力同样是语言学科的必备素养。一个情感迟钝、麻木的人是无法在阅读题里体会到真情实感的：他会觉得这些都是俗套，他们的痛苦俯拾即是，他们的惆怅人皆有之，他们的爱，他们的恨，都只是狂风刮过马孔多时微不可闻的叹息。至于答案的解析，那自然全都只是命题人自作多情的梦呓，而答题就好像在猜谜。而这样，我们写出的答案当然也只会谬以千里。情感干枯之后，我们的确就是这样，对爱过度迟钝，对焦虑过度敏感，心态的崩溃只在一瞬之间。高中三年比拼学习，但同样是心性的较量，那些本是鹏程万里，却在高考前夕心态动摇、功亏一篑的例子，不必我说，老师也会提起。

187

## 高中学习漫谈
——谁说女生学不好理科？/ 董沛莹

我取得高分的诀窍还有一点，那就是我十分重视科目间的平衡。我的高考成绩中各科都不算顶尖，但都还不错，因此总分也还不错。

……而我之所以能做到这一点，是因为我一直尽量更好地"把时间用在刀刃上"——尽可能做最有效的工作，也就是更快提高分数。这听起来有些功利，但这是高三学生的本职工作。我的复习顺序：先是最差的科目，再是其他科目；先是基础的板块，再是较难的板块。对基础的题目，我尽量做到滴水不漏；对很难的知识点，我追求的只是"较好"。

195

## 吹灭读书灯，一身都是月
——艰难困苦，玉汝于成 / 卢 展

如果你一直想着超过别人，一定会陷入死循环：有时候明明比别人更努力，但成绩就是比不过别人，这种心理会让人堕入深渊。刚上学时，我也曾如此恐慌，就算是拿到第一名，也随时害怕会失去。刚开始我并没有真正地醉心于学识，而是为了争夺第一而惶惶不可终日，不久我就碰到了瓶颈。怀着一颗诚惶诚恐的心是没有办法平静下来的，沉下心来不对成绩太过理睬，做好老师安排的，成绩自然会有所提升。保持心态的前提是保证休息与睡眠，切忌疲劳战。

201

## 适合自己，才为最好
——爱好丰富的我如何度过高中三年 / 曾杰林

我在高一的时候也和大多数男生一样喜欢打篮球，其实这倒不是因为篮球本身多么有趣，对我而言有小伙伴一起聚一聚、开开玩笑就很有意思，想让我在周六晚上学习是很难的。我认为在掌握度的情况下，应该让自己的高中生活变得丰富起来，这些活动可以极大地提高与人相处的能力，比坐在教室里看书要好得多。

到了高三，你要学会把成绩和排名看得淡一些，学校用心良苦地给我们组织那么多考试，并不是为了时刻提醒我们是多少名，而是希望我们能在一次次的考试中不断发现自己的问题——可以具体到科目上某些章节的问题，也可以是自己考试时心态的问题。

## 拿下高考，再谈人生
—— 我在高考之中体悟人生 / 王　振

心态和努力是相辅相成的。意志坚定的人做什么都能有一番成就，然而一般人没有那样的高度，所以有的时候努力，更看重的是它给你带来的那份踏实感。良好的心态需要调节，也需要点点滴滴的付出。

我们谈论的不一定是高考，因为人生本来就需要平和的心态。我们的心情会随着身边的人与事波澜起伏，可是潮水会退去，大海会平静下来，我们也是。不指望自己有"不以物喜，不以己悲"的高度，但外在的喜怒哀乐需要释放，内在的淡泊平静需要坚守。

## 回顾我的高中学习生活
—— 默默无闻的我终于逆袭成为黑马 / 杨　俊

为什么来到黄高？因为它让我感觉自己距离清北很近……但是在黄高学习了一段时间后，老师对我们说得最多的便是"放松心态"……来到黄高校园之后，新的梦想也萌芽了：我想去见见更广阔的世界。我们需要一些幻想来支撑我们前行，即使它是空中楼阁。

我在班上是默默无闻型的，对我影响最大的事是班主任彭老师在高二时在班上公开说："像杨俊这样低调踏实的同学一定会成为高考的一匹黑马！"仔细想来这句话对我影响还是很大的，既然要做黑马，就要时刻做好一鸣惊人的准备，高考后同学们对我的评价就是"一匹黑马"。

223

# 再接再厉，久久为功

## ——普普通通的我，靠扎扎实实走向了清华 / 李佳凤

我是那种在人堆里不算起眼的人，也是那种愿意为梦想不断付出的人。我希望自己走的每一步都很踏实，未来不需要回过头来担忧，就像对待高一、高二的基础时期，题目一道道地想、一道道地做、一道道地改错。可能这种对扎实基础和稳定能力的追求成就了我的高考成绩吧。

在这三年曲折的学习生活里，我一直在告诉自己：要坚持、要尽力，结果不一定好，但我会努力让结果不至于太差。或许很多时候你会觉得努力了也看不到收获，并不是这样的，因为收获不仅仅指漂亮的分数，还可以是能力的提升、心态的成熟，坚持久一点，收获多一点，不求多么耀眼，但求问心无愧，姑且不论结果。

# Per Aspera Ad Astra
## 循此苦旅，直抵群星
### ——高一曾"休学"回家，高考圆梦北大

黄冈中学 2022 届高三（1）班 / 邢泽钰

**档案资料**

姓　　名：邢泽钰

院校专业：北京大学法学专业

爱　　好：篮球、阅读、跆拳道、棒垒球、听歌

座 右 铭：所谓无底深渊，下去，也是前程万里

看了眼日历，今天是 12 月 21 日，我刚刚结束期末季，最近过得已经搞不清楚时间了。12 月初就应下了周老师的写作邀约，因为上课、复习、考试等事一直拖到了现在，挺不好意思的。

终于提起笔，又开始纠结以何为标题，我不想再冠上之前用过的譬如"以颤抖之心追赶，怀敬畏之心挑战"之类的标题。大抵因为这篇文章与以往相比对我有所不同，这篇更像是对我高中三年学习生活的回忆吧。恰巧这两天在树洞[①] 看到大家分享的这句话，觉得挺受触动的，便拿来做标题，这是句拉丁语谚语，翻译成中文的大概意思是"循此苦旅，直抵群星"。

明明只离开高中半年，却已经觉得那段回忆离我非常遥远了。一步一步走来，回头看去，尽管也做了很多现在想来很后悔的事，但重要路口的每一个关键抉择，无论是反复斟酌做出的，还是随性随心做出的，在现在的我看来都是

---

① 网络用语，指网络上承受秘密、私事的平台。

正确且最适合的。有些遗憾不必过于纠结，你的每一段经历都构成了你独一无二的人生。感谢过往，把握当下。

感谢大家愿意听我讲一些或许与学习无关的废话，下面的讲述或许有些流水账，或许没那么有文采，请大家谅解，但这就是我完完整整、不可替代的三年。

## 一、高一——蓬头稚子学垂纶

初入高中的我极其不适应，可能是因为从来没住过校，再加上刚从初中升上来不太适应高中的教学模式，我很难跟上老师的步伐，理化生学习变得格外晦涩，我学不进去更学不下去，开始怀疑自己来黄高到底是不是一个正确的选择。因为心态爆炸，我向当时的班主任也就是秦主任申请回家调整几天，让我诧异的是，对这么离谱的请求他竟然答应了。回到家后，爸爸、妈妈跟我聊了很多，让我的不安感减少了些许，使我可以冷静下来思考去黄高的理由。我从初中开始就知道自己的理科成绩并不如文科成绩那样突出，也是在初二坚定了高中选政史地的决心。这样一想，眼前的困难好像也不算什么了，毕竟分科之后我就可以跟理化生说再见了，现在这么纠结这些我不擅长的科目成绩又有什么意义呢？

这也是我赞成新高考选科制度的原因之一，它能够让你最大限度地发挥你的特长、避开你的短处，让你在你擅长的领域闪闪发光，并减少不擅长学科对你造成的影响。它使每个人都能做出最适合自己的一个选择。倒不是说逃避自己不会的东西，而是我们要真正地认识自我，悦纳自我，没有人能面面俱到，对所有事情都做到完美，即使有，那也只是少数，所以我们没有必要在自己不擅长的领域苛求自己，这条路不通，换条路就行了嘛。我们班是走班制，一半同学选择了生物，一半同学选择了地理。现在回想，学生物的那部分同学确实是理科思维更强的，他们没有盲选纯文，这一步对他们来说就是正确的选择。高中学习，首先要学会认清自己，这会在你将来做很多选择时帮到你，大到文理分科，小到接受自己的失败与真实实力。我们要清楚地知道自己想要什么，又真正适合什么，而不是盲目地听从别人的意见，慌忙地做决定。我也见过身边的同学明明不喜欢一个学科，在这个学科上拿不到优势，可听别人说这个学科赋分高便盲目选择。因此，高一的时候不必慌张，我们是有试错的机会的，不妨去充分发现自己的兴趣与擅长面，只有充分认识了自己的方方面面，才能超越自己。

回校之后我甩掉了心理上的包袱，开始了不带负担的学习，不再去纠结分数与排名，而是在分科之前再努力听懂一点，带着探索的心态去感受这个学科的魅力，毕竟这可能是我高中生涯最后学习它的时间了。有了这样的心态加持，再加上班主任张旭老师的鼓励，分科前的那段时间我的成绩有所进步，虽然还是很菜，但至少我尽我的努力做到了最好，并且我在变得更好，这就够了。

很快在 11 月时我们便迎来了选科，我跟几个同班好友一起选择了政史地，她们在后期又放弃了学历史。我不会怪她们，因为对她们来说这是更好的选择；但我也不会因为她们改变自己的想法，为了友情而勉强自己。有句话我觉得说得很对："朋友只能陪你走一段路，到了站有的人就要下车了，我们能做的只是珍惜当下。"千万不要做出为友情牺牲一切感动自己的愚蠢举动，你看重友情没错，但请先记住，你首先是你自己，如果为了朋友而放弃前途，那么在以后的自己看来一定会觉得很可笑。

在选择了政史地后，我来到了新的班级，开始了崭新的学习生活。黄高的老师会在分班之后把政史地学过的内容再讲一遍，更细，也更专业，这对于我来说是一个很好的机会，既可以将之前没听懂的地方好好巩固，也可以形成一套完整的知识体系。刚开始可能有点陌生，我只是粗略地掌握了答题方法，在高一上学期我的成绩不算特别冒尖，仅仅是全班第十、全校十几，连榜都上不去。但是那又如何呢？我对自己的目标规划是：高一排名不掉，高二开始往前涌。每个阶段都应该有每个阶段的新目标，这就是说，我们可以有鸿鹄壮志，但把一个大目标拆解成若干个小目标要实际得多。这里也要感谢我的父母，感谢他们没有一味盯着成绩，而是选择相信我，相信我会一步一步前进，他们知道我对自己是有数的，所以不会对我过多干涉，这对我后来的心态养成起到了

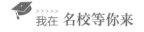

很大的作用。

高一下学期很不幸，疫情暴发，线下教学暂停转为线上教学。妈妈要上前线抗疫，爸爸忙于人员调度，我只得待在爷爷、奶奶家，这或多或少给我造成了一定的心理压力，我的学习也在一段时间内受到了影响。察觉到我的反常，妈妈开始在家庭微信群中鼓励大家，每日与我们分享她的状况，减少我们的担心。我也逐渐认清了这段时间对我的意义：网课是认真钻研还是划水，不过是一念之差，许多同学都难以控制自我，复学以后还得专门花时间来补网课之漏，真是得不偿失。我每天都会把自己的学习任务发给妈妈，让她远程监督我完成。周老师在网课期间更是组织了数学兴趣小组、英语单词打卡等活动，充分帮助同学们查漏补缺。因为这段时间的努力，我的排名在不断上升，成绩开始有明显的进步，也越来越被老师关注。尽管老师对大家都是一视同仁，但我们必须认识到，老师的关注是有限的，他没办法面面俱到，所以我们更要努力走到光下，让老师和全世界看到自己。网络学习并非只有弊端，虽然我们很容易利用网络行娱乐之事，但网络也使得我们的学习更加便利，我们利用网络可以轻而易举地检索资料、问老师问题，成长为更优秀的自我。

回首高一，没留下多少遗憾，懵懵懂懂的我如稚子般蹒跚学步，逐渐地掌握了更多语数英政史地知识，由一个初中生转变为合格的高中生。

## 二、高二——柳暗花明又一村

高二时许多东西都发生了变化：由于我们班是文科实验班，所以晚上我们要跟高三一起十点半放学；在彭老师的提倡下疯背 3500 词；成立各学科培优转差小组；数学开始每日一题。彭老师对我们要求很严格，每周背完单词会留时间进行单元小测，没有及格的同学的名字会被写在后面黑板上。在其他班疯狂刷阅读的时候，彭老师坚持让我们背 3500 词，当时的我们是极其不能理解的，现在看来他真的很明智，词汇量就像工程的地基，地基打牢了自然后面犯的错误就少，后期做阅读理解时我们班的同学已经很少有不认识的生词了。班

疫情期间邢泽钰同学的读书笔记

主任周老师是数学老师，正是因为他每天规定我们数学的做题量，我的数学才不至于"死得太惨"。

对于当时的有些政策我们不认同，便去跟老师协商，说得严重一点，跟老师吵起来都有可能。如今回忆起来嘴角不免带上微笑，可能这就是青春吧，恣意张狂，有自己的想法，叛逆与顺从共存于一体。黄高的老师大都年轻，比同学们年长不了几岁，抑或是父母的年纪，故而他们不守旧，不会固执己见，觉得自己的权威被侵犯，他们不会站在高一些的权力视角与学生对话，他们更像

年长的朋友，将自己的经历、走对的路、走错的路一一说给你听。高二时期的我成绩停滞不前，一直停留在全班第8～10名的位置，不能再前进一步，总是与上榜失之交臂。大多数时候我都能开解自己，偶尔郁结之时便去政史地、语文办公室蹲罗老师和张老师，跟他们聊上几句进而满血复活。至今犹记得那天我和李斯琪在课间聊天，我们发现彼此的状况差不多，于是一拍即合决定晚自习找罗老师聊聊。我至今都怀念那个夜晚，月光之下我们重拾自信，带着满满的人生哲理回到教室。状态不好时周老师总会叫我到办公室，给我仔细分析数学卷子的错因，或是以点名的方式让我及时警醒。在人生这样重要的一段时光中，得遇他们是极其幸运的。学校里的其他老师亦是如此，跟他们交谈总能使我得到意想不到的收获。

在高二的时候，我跟我的好朋友李嘉怡的关系变得更加密切，尽管我们做同桌时经常叽叽喳喳讲话，但在我难过时、考差时、身体不舒服时，都是她陪着我。后来我们不在一起坐了，我们便每日给对方布置培优转差的计划，详细到做哪些题，这项计划强有力地改善了我的拖延症，使我的培优转差得以长期进行下去。高二时我们班的凝聚力也大大增强，经历了新年诗会、运动会等多项活动，在一班里我们感受到自己的角色更多的只是一班的一员而非自己。我们会因为政治平均分没考到年级第一而一起难过，会因为破解一道题下课围在一起讨论。身边的人遇见了都是缘分，大家都很珍惜这段缘分，并齐头并进一起向前。我永远怀念一班，也永远怀念一班的每一个人。同伴是成长道路上不可或缺的角色，当我们寂寞时，不妨看看身旁，一直有人在陪伴我们一同前行。

在高二下学期，我的成绩终于不再原地踏步，有幸得以上榜，那是那一年最好的消息。

每年的学期初，不同年级的人会升入不同的楼，看着曾经自己的教室里搬进新人，总是一阵唏嘘：不会有人永远18岁，但永远有人18岁。弘毅楼、崇德楼、求真楼见证了一代又一代的人，我们是那么的类似，又是那样与众不同，因为我们无可替代。把握当下，这就是属于我们的最好的青春时光。

## 三、高三——鲜衣怒马少年时

进入高三以后，我们的生活更加忙碌，考试更加频繁，所面对的问题也更多。时间被划分成了更详尽的模块，哪个时间该干什么列得清清楚楚。比起按部就班、毫无生气地执行模块，更重要的是根据自己的特点将自己的模块化时间变得更有特色，更能对症下药。对我来说，历史主要是选择题不行，主观题较为擅长，那在对应的历史课时间完成老师布置的任务后，我会去刷选择题而不是做一整套题。到了高三，大家或多或少都了解了自己的短板，充分利用每一部分时间才能做到最大程度补短。

高三我有一个很明显的变化，就是更加主动了，以往对题目有疑惑时我大多选择问同学或者自己琢磨，万不得已才去问老师。高三以后或许是掌握的知识更多了，也更有底气，我跑办公室的频率大大提升，缠着老师问问题。很多人不敢去问题可能是因为害羞，也可能是因为不想引起他人的关注，至少我就是这样。我们班有段时间实行了挂号制度，想要问问题的同学到小黑板上写名字排队，这使得问题更加有序，去问问题的人也越来越多。大家会抢着排在前面，抢着去问问题，这种学习氛围是极其好的。但需要注意，不能为了问题而去问问题，明明自己没有问题却硬要找老师问，这样的效果会大打折扣甚至会起到反作用。

我的心态一直比较好，这也是我能在今年高考中取胜的一大原因。从小妈妈就跟我念一句话："考完了就丢在一边，不要管它了。"这句话对我的影响很深，一般的大考、月考考完试我从不对答案，把试卷塞进书包不再纠结，迅速开始下一学科的复习，只有这样才能最大程度地减少它对下一学科考试的影响。今年的高考亦是如此，考完数学我就知道自己没考好（其实这也是我的平常水平），但它对我的影响是非常小的，晚上复习历史时我就没怎么再关注数学了。木已成舟，纠结再多也没有意义，还不如努力把接下来的几科发挥好。本人最讨厌的事就是对答案，并不是说我们几个人的答案一样我就是对的了，这容易使人沾沾自喜，还会影响到别人的心态，于己于人都不算好事。

如今让我回忆高三，倒也不觉得怎么苦。高考前我也不怎么紧张，只在前两天的晚上跟妈妈聊了会儿天。考前的模拟考试成绩也不必过于在意，模考是为了让我们找漏洞而不是打击我们的自信心。考差了又怎样呢？总比在高考考场上发现问题而追悔莫及好。我在一模的时候侥幸考了全市第一，二模就变成了第十一，问题不大，只需专心埋头按照自己的复习计划走，高考自会给你回报。

高三的有些记忆已经模糊，有些记忆却仍历历在目：犹记得大家早上、晚上为了更清醒一起趴在走廊上读书，犹记得大家在考前互相讲题加油；犹记得各科老师给大家的鼓励和祝福，犹记得大家从容地走上考场。撑不下去的时候，我总会在纸上来回默写一首歌，现在把部分歌词写在这里。

> 梦境中，自己掉进一个孤独的黑洞
>
> 在无止尽的夜晚埋伏着野兽
>
> 有时，当我有点寂寞，哭过了以后，怀疑没有人懂我
>
> 虽然，我带着一点摸索害怕地颤抖
>
> 却只有自己能够，推着自己走
>
> 发现，还有人陪着我。我看着前方黑暗的尽头，有光在等我
>
> 经历了这么多，风和雨湿透了衣袖
>
> 迷雾里头，隐约有彩虹
>
> 四周的喧嚣，有人哭，有人笑，有人不看好
>
> 有人嘲弄，也有人感动
>
> 闪在我泪光背后有一个梦，它从来没放弃我
>
> 一个一个渺小萤火聚成我们，却能点亮天空
>
> 青春，就算受一点伤，还是要去闯
>
> 我是自己的未来，是自己的光
>
> 有时，当我有点寂寞，我看看身旁，知道还有人懂我
>
> 就这样，我们成为一颗发光的星球，终于能够为自己照耀一个梦
>
> 当我，回过头看看我，才发现原来不知不觉中，那光就是我

这就是我的故事，这就是我的三年，在校的各位也会有自己独一无二的三

邢泽钰在高三伊始的当天计划

年。有时成长很痛，但请大胆向前走吧！ Per Aspera Ad Astra！

我在未名湖畔等你!

## 点　评

邢泽钰同学有目标有理想，她从一开始便对自己的高中学业目标明确，那就是要为最高学府而奋斗。对此，她毫不避讳。她学习刻苦努力，有着极强的上进心，高三时月考没考好，虽然家人给了她极大的宽容，没有任何责备，但她自己依然伤心自责，最终在老师的宽慰下重新振作，继续投入学习。她自律勤勉。在疫情网课期间，在父母身为医护人员都在抗疫一线而无暇兼顾其生活和学习的情况下，她紧跟老师步伐，朝六晚十二，每天自觉完成学习任务、额外补差、锻炼身体、劳逸结合。网课期间她的这种勤勉、自律的态度使得她在网课后迎来了高中的第一次飞跃，冲进了年级前十。

"'青春是一个短暂的美梦，当你醒来时，它早已消失得无影无踪了。'莎翁对我们的告诫字字入心，所以没有什么值得畏惧，你唯一需要担心的是，你配不上自己的梦想，也辜负了曾经受过的伤。"这是她写给自己的话，对年华易逝的感触也让她无比珍惜当下的时间。

这样一位在思想上对未来胸怀大志，行动上和自己死磕、不服输，惜时如金的优秀学姐，是我们每个高中生学习的榜样。祝福她在未来也能越飞越高，越飞越远！

（周永林老师）

# 等一次终至的荣光

## ——平行班的我，分科后的两年多都是瓶颈期

黄冈中学 2022 届高三（2）班 / 刘杜娟

**档案资料**

| | |
|---|---|
| 姓　　名：| 刘杜娟 |
| 院校专业：| 清华大学日新书院马克思主义理论专业 |
| 爱　　好：| 读书、绘画、排球 |
| 座 右 铭：| 但行好事，莫问前程 |
| 获奖情况：| 黄冈中学"学习之星" |

亲爱的同学们：

你们好！

我是清华大学 2022 级日新书院马理班的刘杜娟。

高中三年的时光转瞬便从沙沙落笔声中溜走。哭泣与欢笑，最后都烙印于我的灵魂深处，成为我的一部分。学到的知识或许会逐渐淡忘，但素养与思维影响我至今。希望每位同学亦能把握好这三年时光。

## 一、初入学的波折

以激情作动力，撑习惯为帆船，哪怕暂落下风，我也一直在激流勇进。

高一刚入校我就被老师们的热情宣讲和同学们的激情所感染。我高中就读于黄冈中学，这里卧虎藏龙，高手如云；而我显得如此之平凡，隐没在人流中。但我拥有满腔热血与力量，怀揣着梦想踔厉奋发。

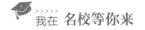

高一时期是养成好习惯的重要时期。在这一年中，我适应了大声快速、激情高效、如痴如醉的早读，适应了大步流星地奔向食堂并在排队时掏出单词本背上几个单词、掰着手指梳理刚学到的知识点的学习节奏。我逐步学会了使用计划本，从不浪费每分每秒，将每日任务依次标记、完成并划掉，使自己的学习有条不紊。

高一上学期我有着最好的状态，分科后各科都发展得较为平稳。然而一场疫情扰乱了我的学习生活：被迫在家上网课，没有打印机，做题全靠手抄，课堂没有互动感，不明白的问题不能及时反馈，我当时还没有分析试卷与认真改错的习惯，一张卷子只是草草做完了便搁置一边。这世上当然有那种在家上网课也能专心学习、毫不懈怠的人，但显然我不是那种人。尽管老师们尽力以各种方案促进我们的学习，获得我们的反馈，甚至关照我们的体育锻炼情况，但我还是不可避免地陷入懈怠与浮躁之中，早读困倦不堪，课堂上也常常走神。高一下学期的期中考试，我考出了高中以来的最差成绩，当时只觉得内心沉重，但也清楚这是我摆烂的必然结果。

之后我努力调整状态，在回校期末考试之前，全面复习了数学错题以及其他科目。期末过后，我的排名勉强回到当初的水平。自觉安排学习、生活是十分必要的好习惯，可惜的是，我对此没有积累什么经验，只留下了一段深刻的教训。

## 二、瓶颈期的磨炼

一学期网课造成的基础漏洞使我在后来付出了代价——漫长无涯的瓶颈期。我的瓶颈期从分科后一直持续至将近高考。别人能轻易拿下的题目，我却大为不解，并且错的方式千奇百怪，各科成绩如坐过山车般此起彼伏，明明付出了努力却总是无法提升排名。我一度怀疑自己的学习方法存在问题，也会因为总是没有上榜而焦虑不已。

在这漫长的瓶颈期中，是我的步步努力使我最后挣脱桎梏，重获新生。

网课结束后，我便痛定思痛，决定稳扎稳打走好每一步。

这需要提高课堂的效率。老师的课堂之语字字珠玑，我便认真记下并反复咀嚼。这也是我语文成绩突出的重要原因。在后来的复习阶段，常有同学向我请教问题，我为他们解答时，他们往往惊讶于我对细枝末节掌握得如此具体，但这些其实是老师在课上早已提到过的内容。认真且高效地听讲能节省不少时间，不仅可以节省学习时间，还能多出休息时间。向效率要成果，把握当下，才能把握未来。

稳扎稳打亦需要清晰地了解自己，制订合理的学习计划。到了后期复习，我就会去做两项工作：一项是知识系统化，另一项是专项突破。在文科学习中，知识系统化相当重要。在学习语文、政治等科目时，我会总结每一个板块的知识点；在地理学习中，我也常做思维导图。这并不是对课本的复刻，而是在整合了所有课本知识点之后，基于自己的理解，建立属于自己的知识体系。这个知识体系使我的逻辑自洽得当，使我的答卷逐渐滴水不漏。

学科的专项突破则建立在计划性的查漏补缺之上。高二，我曾为英语成绩苦恼过一段时间。当时我的英语客观题正确率比较低，我对文章的整体把握能力比较欠缺。于是我花了两个月的时间，每晚抽 15 分钟完成一篇英语完形填空，这样做的成果是，我把错误个数成功压至两个以内，单科总分开始名列前茅，有了质的提升。学习数学亦是如此，除了上课跟紧老师的节奏，认真改正每一套试卷，我还为数学准备了一个专门的改错本，用于收集经典的例题并加以分类，附以详细的解题过程和思路。这在我后期的复习中发挥了很大作用。

## 三、文科生的倔强

我是很典型的文科生，在学科学习上坚持可偏而不可废：既追求各科的平衡，努力弥补学科弱势，也舍得花费时间打造自己的优势学科。

文曲星也许确实在我的脑门上点了一笔灵气，但也不多。拿语文来说，我一直将其作为优势学科打造，我为三年之所获而自豪，然而现在回想起来也确实经历了许多坎坷：逻辑思维能力较差；有好的文笔，在议论文中却不知如何发挥；基础良好，但大型考试成绩总是格外低……种种打击几乎磨灭了我的信心。非常感谢我的语文老师当时给予我的鼓励，让我坚持了下来。

看书，是必须做的事。我喜欢读短小而富有哲理的散文，每晚宿舍熄灯前10分钟是我的阅读时间，泛黄的灯光与柔软的纸张确实给予我无限慰藉。

热爱一旦与强制性学习结合，就极易被磨灭，但我一直在尝试守护心中这团珍贵的火苗：把试题文章的阅读当作一种享受，将语文课堂作为拓展眼界的平台。学至古诗文单元，我会在夜深人

网课期间，刘杜娟在钉钉"张彤老师的语文学习空间"分享交流

静中一遍遍默记喜爱的篇章，直至入梦。高三时期，被枯燥理论与无尽试题挟持的我简直将每天一篇的诗词鉴赏视为救赎："惊倒邻墙，推倒胡床"使我会心一笑，"诗豪与风雪争先，雪片与风鏖战，诗和雪缴缠"令我沉醉其中。许多每日背诵的数学公式我已淡忘，这些惊鸿一瞥的神来之笔却仍留于我心。

光凭热爱是不够的，语文学习也和任何一门学科一样，必须脚踏实地进行到底。在我看来，语文最精妙之处在于以不变应万变。不变的是知识框架和理论素养。准确理解每一个核心概念与文本逻辑，夯实根基，题型乱变，我亦岿然如山。

课堂上老师随口一提的知识我都会用心记下并反复温习，课后我会坚持高质量完成每一份作业。我花在语文学习上的整块时间并不多，我更喜欢用零碎时间促成质变。我刷的题也不多，但我会竭尽所能拿下每一道做错的题目。完整的试卷我最期待，它最考验综合能力；试卷分析很痛苦，但直到最后几个月，我还是坚持每次大考完后计算每类题型的失分情况，并写下反思与注意要点。

考前一个星期，我拿着重写过一遍的作文再次向老师请教。我至今还记得

他对我说他很高兴，因为在最后这一个星期，我还愿意去完整地修改一篇作文，说明我足够心静，还说沉得住气总会有回报的。说实话，其实当时我心里乱哄哄一片，但听了他的话，又意外地沉静了下来。

对于选历史的同学来说，仅仅学好文科是不够的，拥有扎实的数学基础比什么都重要。对自己的认知足够清晰也使我战胜了数学。"基础不牢，地动山摇"，高一、高二我的数学成绩一直不太理想，直至高三蔡盛老师接管我班数学并进行了详细全面的系统复习，我的数学水平才开始真正提升。在高三时期，比我优秀的同学每日神速刷卷，专攻难点，使我焦躁不已。但我始终坚持做试卷单练与专题练习的交替训练。通过全真模拟逐步试炼出我得分最多的方式，通过专题练习弥补漏洞。今年的高考数学虽难，但扎实的基础使我拿全了应拿的分数，再以好运加成，最终没有留下遗憾。

## 四、风雨同舟的路途

再次感谢那些陪伴在我身边的人。住校期间，父母始终坚持不给我太大的压力，愿意倾听我的诉苦，给予我必要的支持。

感谢我的各科老师，他们以无条件的耐心解答我的疑惑，也常常愿意传授一些学科的整体学习方法。每遇不懂之处，我都会积极地与他们探讨。不仅是我的各科老师，整个办公室的老师都可以成为我的学习对象，他们不同的思考方式能够给予我不同角度的启发。有一次为了解决一道地理题，我甚至先后询问了四位老师以比对抉择不同的观点。除此之外，下课后我也会找老师讨论课上的遗留问题，考完试也会抽时间找老师分析试卷，之后总结自己的错误加以改之。有时需要反复甚至颠覆性地理解一个概念；有时需要谨慎，落笔字字不差；有时也需要懂得放弃，抓住主干。错误的道路有 359 条，但正确的道路只有一条。我相信沿着正确的道路走，就能到达向往的地方。

还要感谢我的同学们，与他们交流探讨常常使我的思路大开。同学之间能够积极探讨问题非常重要，新奇的、深沉的、浪漫的、甚至离谱的想法互相碰撞，大家都在不停地锤炼着自己。高二的时候，我们班进行过一项"天问"计划，虽然只持续了一段时间就停止了，但正是在这种被迫式去提问、被迫式去解答同学们的问题的过程中，我拓展了自己的视野，一张小纸条所体现的同学情谊、知识传递也令人感动。还有，我和我的同桌在高三时为了互相鞭策便争相举手回答问题，比较举手的次数，互赠对方礼物，诸如此类，实际上对我的成绩都有不小的帮助。

其实我们都在一个教室，怀揣同样的梦想，尽管不可避免地会有竞争，却最能理解对方的泪与痛。我的小组的一名同学，也奔向了她理想中的北大，我们都有光明的未来。

## 五、接受平凡的自己

我想说的是，没有走到最后，你又焉能觉得自己无法突破极限？但是要突破这一难关，需要沉静与乐观的心态。

我其实是一个非常自我矛盾的人，因为在初中有着较好的成绩，所以在高中产生了很大的落差感。极度自信与自卑的情绪常常交织在我脑海中，使我不断产生精神内耗；我也并不擅长交际，常为同学间的交往而苦恼。我一开始也花了很大勇气突破自己，去向老师提问，但最后我选择了接受平凡的自己。顺其自然，将下限拉得极低，上限拉得极高。考得不好，在能接受的范围内，问题不大；考得很好，很正常，我本来就这么强。然后沉心学习，只有这样，我才能摆脱疲惫与绝望的撕扯。

哪怕数学很难，我也一直对它怀有微妙的情感，直至最后甚至以平静的心态与它达成了和解。我并不惧怕数学，甚至会期待每一次数学考试，希望它能给我证明自己的机会。尽管每一次都事与愿违，但有了沉静的期待，就不会再沉沦于眼前的苟且。

劳累烦躁时，我也会主动释放压力。扫一眼窗外，感受生活之美：绿荫之下的小鸟啁啾，铺满落叶的林道，清晨扑面的微风……相信会使每一个人心中都泛起一丝悸动。或者与同学聊聊梦想与远方，小到平安喜乐，大到海晏河清。"受光于天下照四方"，以给予自己前进的力量。

享受校园生活，让它与学习相得益彰。我在高一进行了丰富的选课，高二还挤出时间参加了校园的朗诵比赛。每周六我都会去三楼吃一次拉面，每天早上我都要坐着喝粥，粥里一定要加一点萝卜丁。直到今年五月，我还一次次去赴排球课的约，直到最后一节课我们大笑着挥手告别。

　　想必大家早已耳闻 2022 年数学新高考一卷有多难，当时我们走出考场，登上大巴，一片排山倒海的涕泗横流。但是哭过后，我们又一如既往地回到自习室，紧锣密鼓地迎战下一场考试。班主任张老师为我们赶工，用多年的高考数据使我们重拾信心。自习过后的夜晚，我们在操场上唱着《国际歌》，将热度沿着手心传导给彼此，相信希望之火永不熄灭。第二天我们又一路高歌再次奔赴考场。不再紧张，不再慌乱，只要努力就能厚积薄发，惊艳四方。

　　高考我考出了高中三年以来的最好成绩。我向来是不相信命运的，但是我相信因果。当命运与挫折围攻我时，我也没有屈服。

　　事实上，在高中三年的学习生活中，是无数的点滴积累以及技巧成就了我。在这短短的一篇文章中，我无法完全向你们将它们阐释清楚。在未来的学习中，你们也许会走上我曾走过的或正或误的道路，但我相信你们一定会闯出自己独一无二的锦绣前程，迎来自己的荣光。

　　谢谢大家！

以下是刘杜娟各学科的笔记展示：

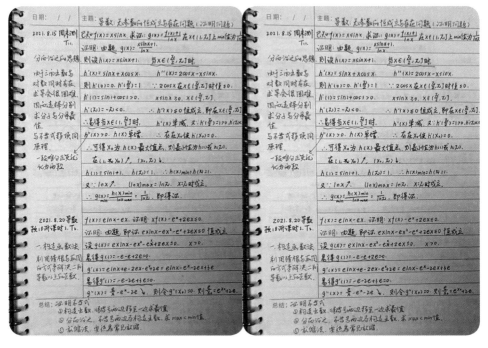

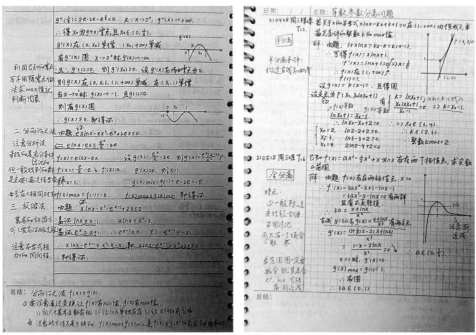

刘杜娟的数学笔记

刘杜娟的语文笔记

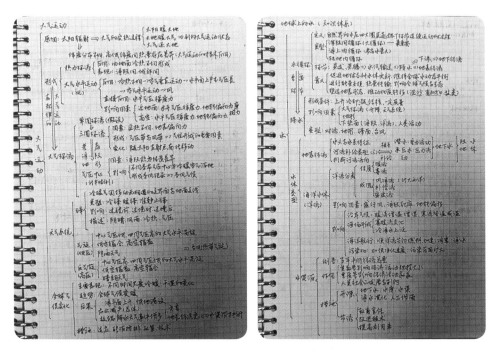

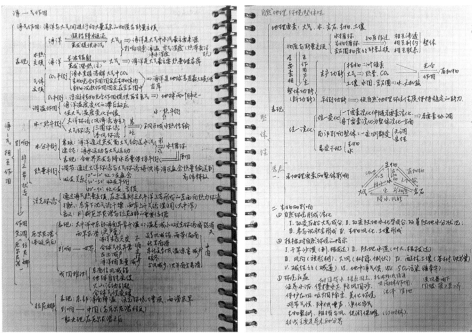

刘杜娟的地理笔记

## 点 评

　　刘杜娟同学是平行班的学生，分科时只排在年级两百多名，通过三年的拼搏，她最终圆梦清华，所有老师觉得既在意料之外，也在情理之中。她有一个开阔的心胸，愿意主动去学习、实践老师们提出的习惯、方法；她爱钻研，虽然有时跑得很偏，甚至把老师气得原地跺脚、"七窍生烟"，但她仍然"打破砂锅问到底"。她会找语文老师请教历史题，找非本班的老师请教问题，以求多元角度，拓展思维；她自己组织了学习小组，与组内同学互相讲题、互相改作文，交换看《人民日报》，互相讨论时政。最关键的是，她热爱生活，颇有一种"已识乾坤大，犹怜草木青"的境界，因此尽管学业繁重，尽管整个两年半的高中生涯都是瓶颈期，但她不仅能坚持到底，而且快乐充实。她很勤奋，她和班级一批同学经常在寝室楼门口等着阿姨开门，是学校最早到班的一批同学；她也"贪玩儿"，她在黄冈中学丰富多彩的课程体系中充分发展自己的动漫、排球等各种爱好，并在学校"科技文化艺术节"里斩获大奖。她的精神世界很丰富，我相信，她一定能继续快乐下去。

（张彤老师）

# 高楼万丈平地起，青春三年不愧己

## ——文科素养零基础，终成北大传媒人

黄冈中学 2022 届高三（2）班 / 詹美琦

**档案资料**

姓　　名：詹美琦
院校专业：北京大学新闻传播专业
爱　　好：跑步、排球
座 右 铭：追风赶月莫停留，平芜尽处是春山

回忆自己高中的成绩状态，我一直不算班上最优秀的那一批，就算是在高考前的一个月里成绩也不算拔尖。除此之外，我的文学基础和文科基础也比较薄弱，我在文科方向一路摸爬滚打，才让自己的成绩能够尽量保持稳定。但高考成绩和排名出来之后，实在出乎我的意料，在吃惊之外，我不禁思考：为什么偏偏是我呢？我仔细回忆三年的高中生活，在其中找到了一些答案来和你们分享。同时我也想对每一个或许觉得自己的文科基础不够好的同学说，高考成绩与你之前的基础关系真的不大，在历史方向的学习中，不论你之前是怎么样的，只要你现在肯认真拼搏，最后的结果一定不会辜负你。

## 一、身处泥淖但不沉沦

在迈入黄冈中学之前，我对自己即将到来的高中生活充满期待和担忧。我期待在这所盼望已久的高中收获成长，认识更多优秀的人，有一段难忘的高中

回忆；同时我也担忧着，担忧接下来的三年生活，我是否能够迎接未知的挑战并妥善应对。我知道这里高手如云，第一次感受到差距是在班干部选举会上，我看着同学们在讲台上谈吐不凡、词藻优美、口若悬河，显得自信大方，当时尚显谨慎胆怯的我觉得他们就像环绕在光芒之下，星光璀璨。

分科之前，班级学生自发进班自习，学生自主管理记载

除了表达能力，在阅读量上我也比其他同学差一大截，高中以前我读过的书很有限，所以我常常为自己腹中空空、胸无点墨的无知而愧疚——愧疚自己之前荒废了很多年的光阴，没有博览群书、增长见识。当我误打误撞选择了历史方向后，这种感觉更甚，周围都是文学基础比自己深厚的同学，我当时甚至怀疑自己这个基础怎么还选了历史方向。我曾经多次将头深深埋进臂弯，为自己的选择而后悔，但是最后又猛地抬起头，凝望天空，在心中喊着：我要证明我不仅能学好理科，文科我也不会差的！

我虽然常常感受到差距，但是我也不想因此就放弃：之前的基础差，补就完了；能补多少是多少，从现在开始补，一直补；我也不去想哪一天能补上来，只要想着我一直在进步就好。

在语文课堂上，老师说了一句诗词，同学们自然而然地说出下一句，师生交流其乐融融，而我在其中只能默默叹息，因为我根本不知道老师说的是哪首诗。刚开始出现这种情况时，我会觉得不自在和孤独，不过我又想自己的诗词储备量不够，那我就从现在开始积累，于是我准备了一个小本子，把课堂上老师提过而我又没听过的诗词都记上去。后来每当遇到我没听过、没见过的诗词时我反而会很兴奋，因为又可以积累到新的诗词了。我把老师PPT上出现的诗词、同学们提到的诗词都记下来。后来这个本子的内容逐渐扩展到一些我没见过的小知识、一些让人心动的妙语、一些文化常识，甚至是一些老师上课随口提的有趣的历史小典故；只要是我不知道的，我都来者不拒，统统记上。我享受着课堂上这份独属于自己的小小兴奋与快乐，开始期待每一节语文课的到来。

因为我在高中之前没怎么重视过政史地，所以每当历史老师说这个历史事件在初中历史课上讲过时，我真是一头雾水，毫无印象，于是我开始规划在寒假的时候把初中的历史课本过一遍。除了这些看得见的知识，之前从未接触过的文科题型和文科思维体系也常常让我遍体鳞伤，明明是客观选择题却让我做出了主观选择题的错觉，主观题的要点似乎总是答不上。虽然我摸爬滚打的样子很狼狈，但是当我接触到文科思维体系后，我感觉这是一座我从未接触过的值得探索的知识花园，它闪着温柔明媚的光芒，不断吸引我走上前去，而我现在只是摸到了这座花园的门把手，从门外窥视着它的风光，我需要用这三年推开门迈进去，去享受它的独特风景。

## 二、保持空杯心态

因为之前的阅读量少、基础也差，所以我常常因无知而恐惧，我想用知识把它填满。每次课堂都是解决我无知的过程，每次课堂我都以自己什么都不知道的求知者的姿态去尽可能多地索求知识，这样的心态下我会想要学得更多，保持对知识本身的好奇心。我像一个孜孜不倦的真正的求学者，以完全崭新的蓄势待发的姿态对待学习。记得我高一、高二时经历过这样一段忘乎所以的学习状态：每天都会接受新知让我乐此不疲，让我能精力饱满地面对学习，全身心投入学习也让自己的想法变得单纯，对成绩的追求也逐渐钝感化，哪怕暂时成绩不靠前也没关系，至少不会让我过分沮丧而磋磨掉努力学习的劲头。

保持空杯心态意味着对知识永远保持谦卑。尤其是在面对一些基础知识的时候，不要好高骛远，基础知识仍需要我们反复锤炼。一个反面的例子：在高三一轮复习数学基础知识的时候，我常常自己做题，没有好好听那些我自以为已经掌握的基础知识，甚至还觉得自己这样做是合理利用了时间。但几次数学考试后我的基础选择题出现失误时，我才恍然大悟：原来我对这些知识还没有完全掌握，而这些知识都是我在课堂上错过的。我看似在合理利用时间，但错过了重新理解一遍旧有知识的机会，错过了老师时不时讲解的新方法、新思路。我也渐渐明白了老师之前说过的一句话："知道了不等于懂了，懂了不等于会了，会了不等于熟练了，熟练了不等于融会贯通了。"在知识面前保持谦卑，不要狂妄，哪怕是基础知识，它也有值得我们探索的东西。

空杯心态也意味着过了一个阶段就及时将自己清空，不要总是沉浸在过去的事情里。如果过去的积累不够，那就把过去都通通清空吧，用现在的努力作答，只有现在才能决定你的未来。不必为过去愧疚不已，保持轻盈的姿态去完成当下的事情，用当下的每一个行动书写你的未来。如果过去取得了骄人的成绩，也忘了它吧，因为未来还有更重要的目标等着你去实现，当下还有更重要的事情等着你去做。只有每经过一个阶段就抖抖身上的土，我们才能走得更远。

## 三、永远不要说"来不及"

在距离高考还有 60 天的时候，我发现自己的语文作文非常拉胯，我想改变这种情况，做些作文段落训练，但是又很犹豫：距离高考只有 60 天了，花时间在作文上真的值得吗？是不是来不及了？找老师看作文的时候，有同学问出了这个问题。老师说，60 天的效果总比 30 天的好。是啊，种一棵树最好的时间是十年前，其次是现在。因此，我还是决定花时间去提升作文，而周围四人不约而同地都有这样的想法，于是我们自发地成立作文片段训练组，要求每周都围绕一个重要主题去写，四个人轮流出题每天写片段。虽然效果是缓慢的，但是确实进一寸有进一寸的欢喜。我不知道自己高考作文具体是多少分，但是在错了两个选择题的情况下上了130分，应该比自己平时的作文要好很多。所以，有什么来不及的呢？只要你现在做，哪有什么来不及！当我们觉得来不及的时候，我们应该反思：这是不是自己不想再努力的借口呢？

因此，不管处于三年中的哪个阶段，不管之前的积累是否足够，只要还没到最后一刻，就还有时间去努力，还有机会去创造翻盘的奇迹，哪怕最后结果不一定有我们预期的那么好，但是行动了总会比没行动要好，不到最后一刻就不要放弃。

## 四、一些个人学习心得

在学习方面，首先是积极主动地与老师沟通。学习上请教老师，不限于自己班上的老师，整个办公室甚至整个学校的老师都是会帮助我们的人，通过主动寻求帮助，提高自主性。不同的老师会有不同的思路、不同的擅长领域，一切以能让自己搞懂这个知识或题目为标准。在询问时要特别注意礼仪与表情、语气，当我们脸上带着求知若渴的表情时，往往会让老师的传授欲更强，我们也会得到更多的知识信息。

其次，用好学校发的资料。例如，语文群不仅可以开启我们的作文思路，而且对于塑造我们的人生观、价值观都会有启迪作用。还有其他学校的学习资料，不是所有人都会认认真真看完，所以当我们能用好这些现成的资料并将其转化为自己所得时，我们就已经很棒了，好成绩就是这样一点点得到的。周一至周六教室里都会有一份《中国青年报》，可以作为学习之余的课外读物，相比《人民日报》的风格，它和咱们青年的适配性可能更高一些；里面的国际板块可以扩宽国际视野，有时将一些国际人文的话题运用到论证文里会让作文更有深度；国学和阅读板块可以在帮我们增长知识的同时陶冶情操；青年话题板块是对现实问题的时评，有助于提高我们的判断力……还有办公室里的《人民日报》，在得到老师的许可下可以借阅……这些课外读物虽然未必能直接帮助我们提高成绩，却能潜移默化地帮助我们学习，对涵养青年心性也大有益处。当然这些只是课堂之外的读物，不能侵占学习时间，一切仍以课堂学习为主。

学校里还有很多其他有助学习的资源，有待大家自己亲身体验和挖掘。对于具体的学习建议，优秀的老师们会倾囊相授，我就不赘述了。

再次，谈一谈心态方面。作为学生，考试是常事，我们当然会对成绩有执念，但这种执念尽量不要带入考场，考试时只需要沉下心埋头做题即可，这是

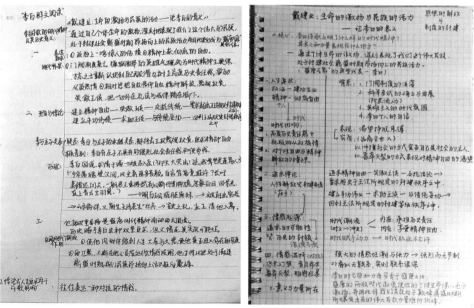

詹美琦等同学阅读戴建业的《生命的激扬与民族的活力》论文，运用康奈尔笔记模板
写下的读书笔记

我们同届一位大佬在高二期中经验分享时提到的，此法亲测有效。也就是，考试时埋头做题，只想着这个题我应该怎么解决，不要在做题的同时给自己施加精神负担，什么都不要想，只管享受沉浸式做题的盛宴。我的历史成绩一向不太稳定，所以在发下高考历史卷子等待答题时，我在心中默念：沉浸做卷本身……沉浸做卷本身。这样在考试时，我就只是本能地想把这张考卷、这些题目答好，只要沉浸在题目中就没有精力去想其他的杂念，更不会沉浸在情绪里拔不出来，哪怕不可避免地会紧张也只是一瞬，然后继续以平和的心态做好面前的题目。结果一向作为薄弱学科的历史也没有拖后腿，这对我而言是最好的结果。

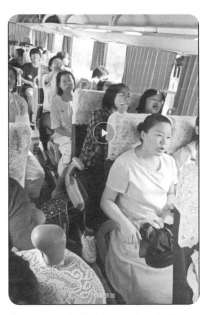

高考候考期间，刘杜娟、詹美琦、李鑫怡等同学通过激情读书沉静候考

在前往高考考场的大巴车上，同学们合唱《好运来》等歌曲，集体前往考场

　　除此之外，考前的心情也可能会影响考试。如果你十分重视一场考试，保持考前好心情会更容易让你的实力充分发挥出来，甚至是超常发挥。如果没有遇到让自己高兴的事，也可以主动找自己喜欢的事来做，如看看喜欢的文章、和朋友打打球等。在一些大考时，我会刻意保持自己的好心情，不让其他琐碎事情干扰我的备考状态。考完一门，哪怕结果未知，我也要哼哼歌放松心情，

迎接下一门考试。比如高考前一天晚上放学后，班主任张老师曾带着我们去校园里遛弯，一起放歌来疏解心情。对我来说这种小技巧确实效果明显，使我大考的成绩往往比平时小考要好一些，高考也是如此。总之，考前保持好心情真的会有奇效，当然这只是个人的体会，平时的刻苦学习才是应试的知识基础，功夫在平时积累。

最后，我很有体会的一点是：高一、高二就开始努力拼搏真的很重要。老师们也会强调要三年一贯的努力，但是这种状态有些难得，对决心和自控力有一定的要求，人难免有松懈的时候。如果我们在高一和高二时就努力学习，哪怕高三后期有些疲惫，但在高三冲刺高考的环境下，也会刺激你去拼搏，在学习上也更容易实现三年一贯努力的状态。但如果你只在高三时拼搏，任高一、高二松懈的话，在高考时心里就难免少了一份底气，更容易紧张吧。

以上就是我的一些心得体会，希望学弟、学妹们都能度过一个不让自己后悔、不留遗憾的高中三年，就像我的政治老师曾在课堂上随口说的那样："高考时，我当时想着——你就考吧，反正该学的我都努力学到了，我不会后悔！"

最后，我愿大家度过充满热血拼搏和温暖感动的三年，未来可期，化茧成蝶，我们天空见！

## 点 评

詹美琦同学并不是典型的文科生，分科前她的写作、文史素养都很薄弱，语文只有一百零几分。她性格单纯直率，快言快语，言辞偶尔会让老师有点儿尴尬，但老师们始终很欣赏她，也愿意和她交流。令我们老师印象深刻的有三个细节：一是代表班级担任年级值日生时，她站得笔直，浑身绷着劲儿。老师问她原因，她说她此时代表着班级形象。二是吃早餐时，她一手拿着包子啃，一手拿着《中国国家地理》杂志专心阅读，这个场景被来我校参观的兄弟学校老师拍照下来。三是运动会时，她跑步如风，为班级摘金夺银，面对一个项目又一个项目，不喊累、不叫苦，始终洋溢着快乐的神情，闪现着坚定的眼神。她性格单纯，在文史的海洋中执着地积累、钻研，老师有时不经意的一个建议，她就自觉转换为行动，一步步落实下来。从高三开始，她仿佛突然开窍一般，有许多很有见地的思想产生，这就是"厚积薄发"的力量。这也鼓舞了一批同样类型的学弟、学妹。高三中间她又经历过几次波折，甚至经常发愁自己"没有学上"，但最终我们都见证了她的绽放。拼搏能够圆梦，这就是詹美琦同学给我们创造的精彩故事。

（张彤老师）

# 意外的惊喜：圆梦清华
## ——从年级排名靠后到摘取全省探花

黄冈中学 2022 届高三（3）班 / 喻梓洋

**档案资料**

姓　　名：喻梓洋
院校专业：清华大学新雅书院
爱　　好：和朋友在一起
座 右 铭：人与人的联系是真正的力量之源

　　我不清楚自己是否有资格向各位讲述经验，毕竟多上区区一两年学很可能并不足以让我的经验达到"传授"的程度。尤其是在这个知识和技术日新月异的时代里，后来者居上几乎已经成为相当普遍的现象，这么说来我就更加没有资格以前辈的身份向各位说教了。

　　但多上了那么一两年学总归是多经历了一些事情的，踩过雷，吃过亏，或许也得到过一些成绩。古人说以史为鉴，我的经历或许能算得上是一种"史"，可以拿来当一些历史教训的。写这些的目的绝不在于让各位复制我的经历，也不在于炫耀什么成果，只为了让各位以看故事书的心态看我的经验教训，并且能够潜在地受到裨益。

　　因此，我希望在此以一个平辈人的身份向各位讲述一些故事。故事里有着我所获得的经验，或许能够为各位提供一些借鉴，希望对各位有所帮助。

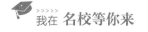

## 一、我高中时的处境

一切人的经历都要从这个人本身说起，从他的客观条件说起。或者说，从俗称"底子"说起。因此，首先略述我个人的基本状况，以便让各位与自己相比较，从而有针对性地批判、汲取经验。

我的底子基本上可以说是既无数理基础、又无文史积累、还无身体素质的"三无"产品。

其中，理科基础薄弱这一点尤其明显。这是因为我从小学到初中，再到高中，十二年以来，从未对数理化生产生过丝毫的兴趣，甚至还会有厌恶的情绪——我性子比较喜欢自在，被别人逼着接受很多自己不喜欢的东西，往往要厌烦的。

文史积累也并非我的长处。在高中时，这一点并不明显，因为我们所需记诵的不过是课本上的东西而已。现在到了大学，看到周围的人大多博览群书，其中甚至有涉猎不亚于教授者，方认识到自己实在是才疏学浅。虽然我并不具备很丰富的文史知识，但确实把自己全部的热情倾注其中了。后来的事实也证明，兴趣爱好确实是很能促人长进的（起码在我身上得到了证明）。

身体素质差在我们高中是一个很受关注的问题。我的身体素质差到了一定程度，三天两头便有肠胃不适、感冒发烧、各类炎症等疾病上门，以至于常常请假不到学校，弄得班主任和家长颇为焦虑。所幸身体虽差，仍然能撑过高三的艰苦，从高中健全地离开。

以上"三无"，可谓是我最大的问题。

那我有什么？考到清华，恐怕也不会是高考全蒙对的结果。

我所拥有的优点恐怕少之又少，其中最主要的一个就是兴趣使然。从初中到高中，我的几位恩师让我对文科产生了浓厚的兴趣，使我在高中的学习中能够做到在一定程度上以学为乐（这大概不是很多人能做到的）。

此外，我还有一个优点，就是喜好与老师交流。文科的很多题目是没有标准答案的，因此我在很多时候会产生和答案截然不同的理解或思路。在这样的情况下，失去了答案的条框，要打磨自己那如脱缰野马的思想就只有找老师请教了。因此，高中几年，跑文科办公室的时间成为我学校时光的一个重要部分，从老师那里学到的东西的确成为我思维进步的一个重要源泉。

我的优势并不算多，我的缺点不可计数。我这样一个人能够考上清华，是在向各位证明：天赋异禀固然可考高分，"三无"产品亦可在恰当的机遇下大放光彩。至于有无机遇，则需各位把握了。

## 二、我的高中三年经历和心路历程

大家学历史，都知道明代有个出名的大思想家王守仁。他说人要"发明本心"，这被后来的人批判是唯心主义。实际上唯心不唯心姑且不论，在我看来，清楚明白的心境对排除杂念、提升成绩是很有帮助的。

我的高中生活和所有人一样，入学先学的理科。而我对理科诸科目最不擅长，考试成绩往往很差，上理科课的时候也往往睡着。入学伊始，我就打定主意要学文科的，而且又是出于自己的志向，这使得我最开始就比一些人少了选科的烦恼。那些选了文科的，有理科不好而不得不学文科的，有听说文科好学而来学文科的，像我这样一开始就决定学文科且喜欢自己所学的科目的人算是少数中的少数。有了这样一个坚定不移的方向做底子，我在高中期间的生活基本就不可能后悔了。

高一上学期是学理科的，我的心情自然很糟糕。周围都是一群打算学理科的人，他们对数理化生的理解远远超出我的水平，因此我的理科成绩始终处在班上非常低下的位置。每次看到自己理科排名倒数的成绩条，都是对我继续上学的信心的一种莫大打击。

然而我终究没有从黄冈中学辍学回家，为什么呢？靠的是语文、英语和文科。

把心态看作一台天平，如果只有理科失败的那一头，自然是要倾斜倒下的；但是，只要在另一头配上相应分量的成功，那就能够达到心态的平衡了。我拿来配平理科失败的，就是双语和文科。

于是在那个理科班上出现了这样的景象：我匆匆忙忙赶完（甚至可以说是

敷衍完）所有的理科作业之后立刻就拿出英语阅读题集开始做，做了一本又一本，与其他人桌上的数学题、理科题形成颇为鲜明的对比。我的语文则得益于老师的高超讲解，在课外不用投入多少时间的情况下依然保持了良好的成绩。至于文科，由于那时分科未定，所以所有文科课一周只有两节。于是我万分珍惜每一节的文科课，上课聚精会神，恨不得把老师讲的每个字都抄到书上。如此一来，我的双语和文科成绩颇为可喜，我的内心也平衡了。

高一下学期到高二上学期是网课的时期。疫情的影响实在超出所有人的预期，整个年级的排名状况也发生了巨大的变化。许多人因为不能自律，成绩大大地下跌；也有人因为自律，一跃而居于高位。

老实说来，我是不怎么自律的那一类人，而且我不仅不自律，还有个容易焦虑的坏毛病。于是我的心态在网课期间出现了结构性的问题：一方面，我不自律，学习的欲望并不强，只对自己感兴趣的文科大力投入，而分科之后最大的难题——数学则被我搁置不顾（乃至有一次我的数学考试成绩成了全班倒数第一）；另一方面，我看见很多自律的同学成绩突飞猛进，心里惴惴不安，怕自己被整个世界甩在后边。这样既担心落后又不思进取的心态占据了我网课期间心理状态的主流，甚至可以说，我从小到大都是这样的学习心态。

所幸疫情在黄冈没有持续太久，网课也在高二下学期终止（后来虽又有几次网课，然而时间都很短）。那个时候，很多不自律而又不愿成绩下滑的同学都有一种喜忧参半的感情：有人监督，自己自然就能够更好地学习；有人监督，自己的安逸日子也要到头了。

我的心态差不多也是如此，于是回到学校之后，为了防止自己因为安逸日子的终结而产生过多的负面情绪，我又一次寄希望于文科。尽管我们班的数学成绩总体不好，班主任希望我们多学数学，而我自己的数学成绩更是等而下之，但我仍然保持内心平和的理念，只学自己喜欢的文科，在那个网课过后焦虑普遍蔓延的时期总算保持住了自己心态的稳定。

高三是我对自己的调节措施取得最显著成绩的时期。

我在高一、高二的时候，往往学着周围人的生活方式：吃饭只管往嘴里塞；在学习的时候尽量填满每分钟时间（不学习的时候另说）；只在必要的时候找老师问问题；等等。

但是我有一种奇怪的心理：压力大到极端的时候，反而会努力寻求放松。这或许是我个人的特点，或许是青春期共有的叛逆。但无论如何，在高三的高压环境下，我的生活发生了很大的变化——不是更紧张，而是更自在。

我曾经也学着别人那样，尽全力把在学校学习的每分钟都塞满。到了高三，我的前几次月考成绩可谓相当不理想，于是一半出于近乎自暴自弃，一半出于反省过往的方法，我开始反思自己的节奏——"大概太快的节奏不适合我"。我决定试着放慢自己的生活节奏和学习节奏：吃饭尽量细嚼慢咽，课间休息尽量不待在座位上……和周围的人相比，我似乎是在朝着反方向前进，月考的成绩却有了一定的回升——尽管不明显，但我知道自己大概是找到自己的节奏了。

我和老师之间曾经很少说话，除了班主任有时和我们谈谈近况，我只在实在不会做题的时候才找老师询问。但是高三以来，为了以相对轻松的方式度过自习课，我频繁地跑进办公室，以一种半聊天半求知的方式和老师讨论问题。这种方法可以说是事半功倍，在不用大量写字的情况下，仍然能够学到很多新东西。更加重要的是，我在和老师的长期交流中学会了他们的思维方法和逻辑，这使我在后来的考试中能够以不变应万变；同时我还用从老师那里学到的思维方法给同学讲解各科题目（数学题除外），这样既能巩固自己，又能帮助同学，还能缓解办公室教师资源的紧张状况，可谓一举多得。

数学一直是我的老大难问题，又占 150 分，不可能完全丢掉不管。我根据自己初中的情况，在高三时，在自己可以忍受的范围内逐步推进数学复习。一年下来，基础知识基本巩固，难题却仍然不会。机缘巧合，高考刚好与我的这个复习情况相吻合了。

我通过和其他人截然相反的调整，在高三基本达到了心如止水的境界。这为我的高考做了较好的准备。

## 三、从高考看应试

我们这一年的高考，以题目难和怪出名。在开考之前，大多数人不会想到今年高考会是这个样子。

第一日上午的语文已经让人怀疑题目的难度，到了下午的数学则几乎是哀鸿遍野了。我看到很多曾经位居年级排行榜前列的人表现出强烈的负面情绪。我心里也没底，但看到他们这样，我倒是好受了些。至于后几日的英语和文科，我考得相对平稳，不必赘述。

我要说的最重要的一点是心境。以往常常有人说高考只有七分靠实力，剩下三分靠心境和运气。但是在我们这一年题目又难又怪的情况下，我觉得六分靠心境，三分靠实力，一分靠运气也不为过。

如前所述，我在高三基本已经是心如止水了。到了考场，我仍然决定保持这种状态。语文考试算是平静地过去了。到了数学考试，我的心态开始动摇了，做完选择题已过去 1 小时，而以往我的平均速度应该是 1 小时做完选择题和填空题。于是我开始慌张，体温上升很快。然而我根据上午语文的情况，大概猜测今年题目很难；题目既然难，那就必须把小题做好了。于是我深呼吸，做完全部的选择题和填空题，共计 80 分钟。余下 40 分钟，我把效率提升到了最高——所有的解答题中第一问能做的都做；解答题前两题也侥幸地灵光乍现，快速且正确地求出结果（考试后据别人说，这两题是很难的）。最终的结果则是我这个常年数学排名倒数的学生竟考到了班上数学的最高分，这不能不说是心境调节得当的结果。

仅就我个人看来，考试越难，心境越重要。我们学哲学，知道凡事既要遵循客观规律，又要发挥主观能动性。现在考试难了，按客观规律，大家都该低分；这个时候，主观能动性就成了使人胜出的关键因素。

至于调节心境之方法，则在下一部分一并列出。

# 四、学习方法和经验

学习，终归是一个长期的过程。一个人要在短时间内保持充足的劲头，尚可坚持；但要他保持三年之久，则相当困难，对大多数人来说基本不可能了。

故学习的一个重要方法在于寻找自己的节奏。吃饭一定要抢着吃完，为学习腾出那么区区的几分钟，真的好吗？晚上一定要熬夜，为学习消耗自己的精神乃至寿命，真的值吗？这些都是需要反思的问题。或许主流主张熬夜，或许主流主张下课不起身，或许主流主张吃饭抢着吃完……但鞋子合不合脚，只有自己穿了才知道。自己以什么样的节奏生活和学习也应该由自己把握，一旦找到自己的节奏，则对于他人的内卷与否，家长、老师的催促与否，都可以一并不顾了。有的班级强迫学生顺应某一节奏，实在是毫无必要的。

学习的另一重要方法在于试错。找到自己的节奏，有人便长期停留于一个节奏，不肯改变，自以为已经找到最优解。这是忽视了发展的无限性造成的。我们处在一个节奏中，久而久之，则大可加以改变，看是否能找到更优解。但改变幅度不宜太大，以免造成过度的不适。即使你找错方向也不必忧心，换方向再找即可。高中毕竟有三年，三年足够你做很多次试验，大可放心去多试。

学习还有一个重要方法，就是与老师交流。有人出于种种原因不敢或不肯与老师交流，实在

喻梓洋同学的考试总结分析

可惜。无论如何，老师对于他所教的科目，总归是有相对完整、科学的思维逻

辑的；我们问老师问题，和老师交流，其要务就在于把他的思维逻辑学来。至于具体的某些题目，既然学到了思维方法，又何愁不能解决？很多人在和老师交流时拘泥于具体的个别题目或问题，最终获益也只能是相当有限的。

最后要说的一个学习方法是研究自己。就我的观察来看，很多高中生是不了解自己的。我是学文科的，又喜欢历史，不免把自己当作研究的对象。我研究自己的初中学习经历后发现，自己对于数学一般是前两年维持在较低水平，第三年再加大投入会实现较快进步。我试着把这样的规律放到高中，高二控制数学学习时间，高三再加大投入，确实收到了较好成效，高考数学成绩也较为理想。诸位不妨思考一下自己的学习经历，从中试着总结一些经验教训，作为自己进步的参考和警示。

对学习的其他普遍法则，如钻研、自信等，其他人亦多有提及，此处不予赘述。

心态的调节可以通过多种方法实现，在此仅列出我最重视的一个——放空。中国的文化总归是有一些禅意的，如道家的哲学——谈论"无"的哲学。即使到今天，这样的文化底蕴也依然存在，所以不妨借用。许多人试图让每分每秒都充满"意义"：这 10 分钟我做了一道题，这 1 小时我背了两课书，等等。实际上，按道家的哲学，"有"是从"无"中生出来的，看似虚度的光阴实际上也有其意义。有时候我们不妨让自己停下来，看看周围的人，听听他们的故事，自然有经验教训从那看似无用的闲聊、发呆中得来，自然有暂时脱离内卷苦海的自在感受。"放空"（类似于禅家的冥想）是这个年代很多人忘记的中国人特有的人生哲学和才能，在此向各位推荐。

## 五、结语

这本书的名字叫"我在名校等你来"，实际上当初得知老师允许我忝列其中时，不免感到惶恐。我实在是没有什么真才实学的人，既不博闻强记，又无旷世才华，不过凭借很大的运气才考上清华。来到清华之后，我愈觉自己鄙陋短浅，或许不足以向各位提出建议、分享心得。诸位之中，亦必有后来居上、远胜于我的。上述诸建议及心得，请各位从善择之，不必全信。若果有一两言，于诸位有所裨益，则我不胜荣幸欣喜。

高中，学习基本是一切。但是对于人生，学习绝对不是一切，甚至可以说不是最主要的部分。正如我在前面说的那些，诸如发明本心、研究自己、调和心态，这些反而会用在更长时间的人生里。而很多人不在意自己的心智启发，一味埋头学习，从而少了很多生活乐趣。这大概是我对各位最主要的警示，希望各位能稍加采纳。

最后，请允许我在此对本书发一点点叛逆之言：清华、北大，不仅不是人人考得上，更不是人人必须考上。诸位或许觉得清华、北大远在天边，或许觉得高考状元唾手可得。然而不论如何，不必迷信清华、北大的神圣，诸位所需要寻求的，只是自己心之所向。

我衷心祝愿各位澄明内心，破除蒙蔽：谋定后动，以求一举而成鱼跃龙门之功业；调和内心，以求一心而达明镜止水之境界。

## 点 评

喻梓洋在 2022 年高考中以 660 分取得湖北省历史方向第三名、黄冈市第一名的好成绩。喻梓洋是一名典型的文科生，热爱文科，读过很多人文社会学科书籍，对很多问题有自己独特的见解。分科前喻梓洋并不突出，在全年级排 493 名，班上第 5 名；选择历史方向后，喻梓洋发挥了他在文科上的优势，除了数学较薄弱，语文、英语、历史、政治、地理经常处在年级前列，曾有几次年级进行过不包括数学的年级排名，喻梓洋基本上都是年级前三名。他对文科的喜欢是一种发自内心的热爱，给我印象最深刻的就是他的"精雕细琢"的精神。对历史试题中每一道主观题他都会精心打磨，会围绕一个问题多次向老师请教，甚至在语言组织上也非常较真；他非常乐于帮助同学解答文史方面的疑问，多次向我提出利用课堂时间给同学们讲历史试题。正是他的这种执着与热爱才有了高考的稳定发挥。数学是他的薄弱学科，他曾经动摇过，但从未放弃，这份坚持终于收到丰厚的回报，高考数学取得班上第一名的好成绩。喻梓洋有着很强的人文情怀。作为班上的团支书，他对工作认真负责，积极主动帮助同学解答各种问题，当老师上课状态不好时，他会给老师送来关心与问候。喻梓洋取得全省第三名的好成绩，清华大学录取了一位真正热爱文科的优秀学生，相信喻梓洋在清华大学能更好更快地成长起来。

（何祥老师）

# 我依然可以前进
## ——五彩斑斓的高中生涯

黄冈中学 2022 届高三（7）班 / 胡恭胜

**档案资料**

**姓　　名**：胡恭胜

**院校专业**：北京大学临床医学八年制

**爱　　好**：篮球、散打、跆拳道、吉他

**座 右 铭**：这个世界上只有一种真正的英雄主义，那就是认清生活的真相并且仍然热爱它

**获奖情况**：第 35 届中国化学奥林匹克（初赛）三等奖、第 18 届首都高等学校跆拳道锦标赛男子团体总分第二名

## 一、少了拼搏就丢了青春

回望我的高中，"躺平"一词还未兴起，也许这是一种舒适的生活态度，但并不是高中应有的学习态度。高考本身就是一场悄无声息的战争，荣耀与成就不靠拼搏怎么得来？记得刚刚踏入高中时，我满怀期待，也满是失落。黄高作为重点高中，当然是高手云集，因此从小就突出的我此时显得并没有那么耀眼。从那时起似乎有一种胜负欲在蠢蠢欲动，我想超越自己。如果高中三年仅仅是保持当时的成绩，也就稳定在武大华科。我似乎也挺认可的，但在内心却想着"我是否还可以前进"，或许整个高中的逆袭也源自于悄悄地问自己的这一句话吧！

很多人说高三这一年最关键，对于大部分高考考生的确如此。但这就像是漫漫人生路，每一步都很重要，刚进高中时我就看见了差距，也重新添满了动力。我最喜欢那个时候的自己，没有优等生的头衔，没有老师目不转睛的关心，少了家长在身旁的唠叨，只剩下自己尽享的孤独；可以在自习结束后欣赏漆黑夜空中的闪闪星光，听听渐渐燥热的蝉鸣，好好睡一觉，然后迎接第二天充满未知与好奇的学习。最纯粹的学习莫过于此！时至今日，我想找回这样的状态，但始终没有那时那样持续不断的热情。也许在那之后的高中学习中我没能一直保持下去，可我十分感谢自己做好了属于自己的最好的冲锋姿态。有了好的沉淀，我无论何时都能够很快进入学习状态。这样的学习状态能保持下去是最好的，又为什么很容易中断呢？因为每个人的注意力不可能集中很长时间，就像汽车需要不断加油。人是很容易自我满足的，或许有一种天生自负在其中。不要被骄傲蒙蔽了双眼，真正的大师永远怀着一颗学徒的心。我当时经历了两个月的埋头苦干终于进入年级前五十，一颗紧张的心稍稍放松了下来。转眼间我又看到光荣榜上清北的学生名字熠熠生辉，想要松懈的心瞬间又提了上来。我也十分憧憬那种"春风得意马蹄疾"的狂妄，也十分羡慕那种"明年此日青云上，却笑人间举子忙"的从容。既然自己处在这样的成绩，就说明清北不是完全没有希望，那为何不放手去拼一把呢？曾看过一本书叫作《无声告白》，主人公因别人对自己的期待过高而不堪重负，而此时的我对自己充满了期待——我依然可以前进。上了北大后我才知道，没什么事情比自我实现更加满意了。因此，我想起自己的高中也没觉得自己很苦很累，可能是结果让回忆变得甜蜜，但如果我没有乐在其中，也许不会有现在的成果。攀登的过程也许漫长，但巅峰的风景是值得的。前进永远是胜利者的姿态，困难永远是失败者的借口，我期待自己上北大时就相信未来我会迎风起舞。

也许你会觉得三年只要铆足劲儿就可以很容易踏入自己梦想的大学。可现实是，即使是高三一年也很难一往无前。虽然三年下来我整体上一直在进步，但其中也迷茫彷徨过，成绩的波动也会影响自己内心的信念。大部分人在考试结束后会选择去发泄，无论是考好的去放松，还是考差的找人去倾诉或者好好地打一场球宣泄自己的烦恼，我只能说在高中这样高密度的考试练习中，找到一种可以快速调整状态的方式尤为重要。另外，在高中阶段最忌讳的就是和家里闹矛盾，因此好好与家人沟通交流，拿出实际行动，无论最后结果如何都是对父母最好的交代。

当然很多时候我们希望满足父母的期待，也希望自己能完成自己的梦想，无论如何，我想说怀疑是最强大的敌人。回忆当初的一次十一校联考，突变的题目风格使我很不适应，最终我考得不是很理想，或者说相较于其他考试有所退步，而自己在那段时间并没有松懈。于是我开始质疑自己，心理也不太平衡。特别是语文，因为自己花费了大把时间学习却不见成效，而许多并没有花时间学习

胡恭胜同学主持"致敬抗美援朝，争做时代新人"主题班会

语文的同学却考得十分理想。我在想自己是不是不适合学习语文，也在想自己是不是智商低人一等，为什么他们能学好而自己不能？诸如此类的想法一直在涌现。"我曾踏足山巅，也曾跌入低谷，二者都让我受益良多"，如果只要奋斗就会平步青云，那事情都变得简单了，所以挫折意味着转变，或许是有些方面出错了。于是我从最初的质疑自己转变为改变自己，穷则思变，只有检验出问题，考试才有意义。我也认识到不是题目刁钻，而是自己出现了知识盲区。可能对考试看法的改变来得有点晚，我在高三最后半年才意识到考试也是一种学习，不要只将它视为一种竞赛，包括高考。

现在回忆起我的高中，我感觉到的更多是甜蜜，但也有遗憾，如缺了一次年级第一、自学竞赛半途而废等。高中可能是对知识最渴望的阶段了，以后都不一定会再有了，所以我一直认为：你想学就大胆地学，不管它是否对考试有用，保持对知识的渴望，你就会一直在前进的路上。

## 二、考试时应该保持怎样的心态

很多人认为考试中的心态会占很大部分，也许有时候是的，但我不那样认为。心态影响成绩，无非是过度重视导致过度紧张，或者是过度放松导致没有

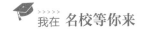

那种紧迫感。首先，很紧张说明心里没底，只能从侧面反映内心的不自信。而适度紧张才是合理的，考试的题目在开启之前总是未知的，人对未知事物的紧张是正常的，这会让大脑更加兴奋，有利于思考。正常地参加考试，正常面对自己的心理，不要把心态调节看成首要任务，我觉得这才是最好的考试心态。

也有很多人认为考试要放轻松才能发挥出自己最好的成绩，确实如此，但要把握好度。"轻松"一词并不好把握，考试的时候如果认真答题，其实没有时间思考自己要不要深呼吸。如果说考前放松，其实也免不了考试紧张，而且很容易有所影响。如果你认为放松是考前适量减少一些学习时间去体验一下其他事情，这是十分不错的选择；而如果你信奉"小考小玩，大考大玩"，我觉得考试大概率会玩完。就像我说过考试也是一种学习，学习中断后又得找时间进入状态。之前的高中同学只要一放长假，开学后成绩注定要萎靡一段时间。如果反复这样，不仅不会放轻松，反而会浪费自己的时间。而在考后放轻松似乎更加不合理。如果考好了，很容易就走向放肆的阶段，这样下次不见得能考好；如果考差了，自我心理上就不会很轻松，强行让自己轻松下来会适得其反。因此，把握好度没有那么简单。很多人对考试总是有种放过的感觉，就像是精神胜利法，面对失利为了摆平心态而强行自我安慰："没关系，下次一定考好。"这样又忽略了实实在在的知识漏洞，总是本末倒置，把失利原因扣在心态上。说实话，要明白是没有学好才会让心态出现问题，而不是心态更加重要。

如果考好了就一定要奖励自己玩会儿，这样总是将学习、考试视作一种劳动，认为自己一定要有所回报。而如果你只把考试当作学习，其实也就没有什么放轻松可言了，因为它已经成为一种常态，是自己必须保持的，心态什么的并不会有什么影响。记得高中老师总念叨一句话："最好的心态就是没有心态。"这实在是一句至理名言。

## 三、每个学科都要重视

既然选择了高考，那么每一科都要学得扎扎实实的。不过这种六边形战士确实很少，我也是有强有弱的。如果想圆梦清北，可以将自己的强势学科打造得更加有优势，但自己的弱势学科也不能拖后腿，简单来说就是培优补差。

作为理科生，对于数理化这三门，我还是很有发言权的。普遍看来，刷题可以考好这三门，但学没学好并不能保证。我不得不承认很多题目其实是有套路的，跟知识点有可能已经相去甚远了。通过大量练习，你可以很熟练地掌握那些技巧，但是很快你就会发现自己的成绩会出现波动。由于你对知识点掌握得并不深刻，所以一旦更换题型，你就会感觉很陌生，你只想着怎么套着模板做题，而不是真正思考。因此，学习最重要的是弄懂每一个知识点，当然不可能老师讲过了之后你就都能掌握了。在我看来，最理想的学习效果是：老师讲过了你基本能够掌握，在之后的学习中你能从错误中不断回顾积累，从错题中发现误区。

对于数学学科，除了训练，只有积累更多的知识才能更进一步。如果一道题是以某一定理作为背景，而你已经掌握了这个定理，解此题就像降维打击。当你已经主动去学习很多有用的二级结论，你会发现自己的解题速度和思维会得到大幅度提升，然后就能有大量时间思考那些难题——那些真正拉开考生之间差距的题。

相较于数学，我觉得物理学科更加简单。对数学思维的考查可没说一定在课本范围以内，所以有的题是非常难的，至少在考试那段时间内没办法解决。而物理不一样，题目都和原理有关，所以只要掌握了相关原理，就不会完全没思路。物理学科考查的就是掌握程度。学物理最好的方法是自主梳理知识点，就是从脑海中抽丝剥茧自我总结，其次就是刷题。

对于化学学科，我觉得它在理科中是最难的。它是一门考查学习者的记忆加思考的学科，知识十分零碎且串联性很高，所以要花一定时间记忆，不要以为理科不需要记忆。再者，需要做题来总结。你也可以积累课外知识，不过并不建议去学习大量深奥的知识，适量的积累才是合适的。

英语学科的学习方式和理科有很大不同。作为一个典型的理科生，我的英语其实并不好。通过与其他同学交流，我认为我之前的学习方式很难出成果。我的直线思维方式就是凭借记忆。我一直认为英语学科成绩与积累是成正比的，但高中的考查实在是太广泛了，只凭这一两年断断续续的扩展阅读积累，收效甚微。上了大学后，我才明白理解优先于记忆，当然二者缺一不可。为什么有的题目叫阅读理解呢？因为你即使认真通篇阅读，也不见得能抓住中心思想。因此，阅读理解是综合性考查的题目，而其分数占比是最大的。

而语文学科可以说是我最喜欢的学科了。如果说学其他学科都是为了分数，而学语文就是为了生活。首先，我认为学习语文是一种享受，它让高中学习变得有滋有味。虽然我的语文分数确实不高，但我很热爱这个学科：爱古文中文字的"一颦一笑"，爱诗词中的韵味十足，爱写作时的畅所欲言。语文还是我高中学习的润滑剂，学习烦躁时我就读读诗、练练字，很容易便平静下来。有了正确的认知，学习起来就会很轻松。我阅读过一篇文章，叫作《和语文一起细水长流》，是一个高考语文140多分的学霸写的。从中我了解到语文的高分秘诀就是深入学习。一篇好的文章需要不断阅读，反复学习，就像鲁迅的文章，仅读一遍是不可能完全理解的。至少对课内的文章都要咬文嚼字地阅读，直到学得十分通透。那位学霸也提及了积累的问题：积累首要的就是广

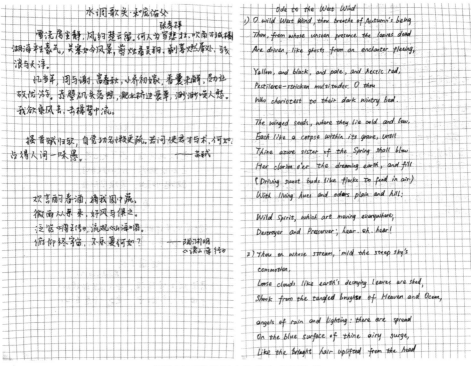

胡恭胜同学的语文作业和英语作业

泛阅读，然后还要定期回顾，这样才能很好地运用。因为我很爱诗词，所以经常摘抄诗词，于是作文中也会大量运用诗词，才能让自己的文章变得更加典雅、有韵味，或者说"文采不够，诗词来凑"。学习语文要有一颗恒心，不然很难见效。

"未完待续"在我心中是一个很美的词语，因为它代表着无限的可能。高中三年其实充满了无限的可能性。清北是遥不可及，还是囊中之物，没人可以保证，一切需要你自己去书写。未完待续意味着结局可以由自己来谱写。如今尽管我已经步入北大，但我依然还要前进，因为向上的人生才最精彩。

## 点　评

胡恭胜同学当了三年班长，带领全班同学组织开展了丰富多彩的文体活动，营造了团结互助的班风，形成了好学上进的学风。"每个人都是优秀七班的贡献者，每个人都是全年级学生的榜样"是学生们的行动口号，由此产生了"集中力量办大事"的班级精神，并大胆提出联盟视野。不论活动大小，只要胡恭胜主持，你总能看到一个阳光、自信、帅气的少年感染着别人、影响着别人。胡恭胜为人正派，有正气，是个好班长。

阿德勒说人生的意义在于奉献。人在奉献自己的过程中也成就了自己。胡恭胜在带领班级成长的过程中，自己也取得了明显的进步，逐步跻身第一梯队，高考物理取得了满分的好成绩。

尖子生最可贵的品格，我想应该是不害怕改变。人生最有趣的事就是能发现并接受改变、顺应改变、去改变改变，在改变中让自己变得更好。胡恭胜在每取得一次进步后都能快速适应下来，在改变的基础上去改变，他曾创造了五连进的好成绩。

胡恭胜曾说，别让人生停留在当下，从现在开始以一种不服输、不信邪的态度和行动，跳出原有的格局，用积极的心态去学习新的思维方式，换个角度看世界，换个方向看问题，许多难题就能迎刃而解。

这就是优秀。

（张旭老师）

# 高中学习
## ——对理科充满热爱

黄冈中学 2022 届高三（7）班 / 刘　宽

**档案资料**

姓　　名：刘　宽

院校专业：清华大学探微书院化学生物学高分子材料方向

爱　　好：象棋、互联网等

座 右 铭：信仰就是不想知道真相是什么

获奖情况：2021 年全国中学生生物联赛一等奖、数学竞赛二
等奖（省级联赛）、化学竞赛二等奖（省级联赛）

## 一、高中记忆

曾经以为走不出的日子，现在都回不去了。

——村上春树《且听风吟》

高考结束的当天我去书店抓了一本书，翻了一半看到了这句话，很有感触，作为从高中到高考再到大学的心路历程的总结是相当不错的。遗憾的是，这本书我至今也没有读完。步入大学后，我很久没有拿起一本书慢慢品味了，对学习的热情也没有高中那般充足。时至今日，我一直都在慢慢品味我的高中生活，试图找寻那种感觉。当然这种回溯式的体验很难对现实造成很大改变，有时甚至会起到南辕北辙的效果，但不可否认，高中三年是我心中最难忘、最复杂与最深刻的一段回忆。

尚在高一、高二的时候，我一直过得漫不经心。高一时我对自己的想法是拿下四个理科的第一，大学目标是浙大，结果在高一下学期我就实现了我的想法。那时"躺平"和"内卷"的概念还没兴起，疫情风波带来的封闭式管理让我以为高中会这样平淡地过去，但事实是高三孕育着新生与成长。高三前的暑假，很多人陆续进入"高三状态"并选择留校学习，我却还在纠结宿舍生活好不好的问题。看着同学们都在努力，光荣榜一次又一次地变样，可自己似乎一直使不上劲，这种迷茫与退却轻易地将我席卷，我不止一次在周记和日记中吐槽自己状态之差，一方面试图说服自己接受差距，一方面又不甘于现状，这种矛盾的内耗笼罩了我的大半个高三学期。经历了寒假的短暂释放，情况开始改善，当意识到自己面对高三和高考的被动之后，我开始主动出击。最初，我在百日誓师大会上决定加入跑步的队伍，和一个陌生的集体在千人的目光下跑步怎么看都是一种社死经历，加上身体不好和心情忐忑，刚起步就落下了二三十米，后面也一直没追上；后来我又宣布目标清华，这种行为简直就像刻意博人眼球，至今想起这件事，我的心情还是很混乱的，但我确实是出于想要跑步的心理迈出去的。一旦抢起了第一锤，第二锤、第三锤也会接踵而至，后来我逐渐习惯了奔跑的状态，吃过饭抢着回教室，下课也更少走动……在不知不觉中，我不再回避被同学唤为"卷王"，也不再盲目担忧不可预知的未来……在百日誓师的时候，班主任让我们每个人写一封信给未来的自己，当时我毫不犹豫就落笔了——我希望我能成为自己的神。

有人说高三学习很关键，抓住了高三三轮复习就抓住了高考；也有人说高三最重要的是心态，在高三把心态摆正了自然水到渠成。高三是学习和考试并重的阶段，在高考路上既要不断学习，也要调整心态。这时人的主观能动性很重要：一定要主动学习，主动出击，主动为想要成为的那个自己而拼搏。

## 二、学科经验

### 1. 数学

数学课一直是所有学科的重中之重，因为数学很容易拉开成绩差距，而且也相对容易提高和稳固能力，而在高三，数学分配的时间也是最多的。对于数学的学习，总结为四个字就是善思多做。其一是数学非常讲逻辑，无论是代数题还是几何题，逻辑顺了，大方向抓对了，思路就清晰了。其二就是多多益善，多算、多做、多思考，不会给你的学习带来任何实质的坏处。代数问题最忌讳懒得运算，很多时候代数间的关联就深藏于运算之中，这是更为本质的东西；而几何问题最忌讳懒得作图，不作出一份图很难看到某些几何上的关联。我在高中的时候经常为了找到简化方法而弄得头破血流，但尝试久了我才发现，这种越简化的方法越局限，越有其特殊性，如果换一个类似但不同的情境，可能又得找一条路。此外，花时间去琢磨去思考也能增强我们做题时的"题感"，提高解题的速度。其三，数学不思考的话真的很难取得一番成就，很多天赋或感觉通常源于平时更细致的观察和思考，如几何直观的训练需要"面壁十年图破壁"的深入思考。其四就是越思考会越做越清晰，不仅对题目的思考很重要，对题型的思考也很重要，考试想要提速提稳，在这方面的努力也是不可或缺的。

## 2. 语文

语文是我高中最为头痛的一门学科，作为学习经验来讲，应该是参考价值更大。

语文是一门与理解和表达相关的学科。我对语文还是比较喜欢的，平时也喜欢做一些美句摘抄，高三时也有写日记的习惯，遗憾的是我并不太擅长与人交流，语言总是或过于含蓄或过于生硬。高三时我做了一些专项训练和题型积累，也取得了一些成果和进步。最重要的一点体会是，学习

同学们在语文学科活动中玩"飞花令"游戏

语文是一个长期的过程，平时的积累运用一点也不能轻视，高一、高二须跟紧老师的步伐才能更好地适应高三的语文节奏，这样收益和成效才会更显著。

### 3. 英语

可以肯定地说，我的英语完全是刷上来的。从高二到高三我基本上每天做两三篇阅读理解文章，到高三后期我基本上一天做半张到一张试卷。对基础好的同学，这种方法对保持题感是相当有效的，但要想提高还得学会对文章结构的梳理和把握，这种方法在面对一些棘手的问题时才能发挥拨云见日之效。英语作为一种应用型语言学科，最基础的是积累。有了一定的词汇量和文化背景再进行训练，会有事半功倍的效果。但必不可少的应该就是理解了。理解的重要性是优于记忆的，这就是为什么理解型阅读要好于翻译型阅读。在新的读后续写题上，这点更明显，梳理出文章的线索和情节走向后，在续写的时候就能避免天马行空、漫无目的地开题，从而更贴近文章，贴近作者的接笔。

### 4. 物理

对于高中物理，你要明白最重要的一点，即学物理和考物理是两个方面：学物理的时候通常要求我们抓住细节，掌握知识，构建模型；考物理的时候更多是记住模型，学会迁移，理解题意。对于前者，我们需要关注课本的公式和定理，以及公式、定理的条件和对象等；而对于后者，需要熟悉课本实验和衍生模型，先是记住，再是应用，最后就是学会迁移和抽象出模型。犹记得张老师的一句话：熟题生做，生题熟做。这句话说的就是：能从相似题目中迁移模型，但又能发现不一样的条件；从陌生的题目中抽象出熟悉的模型。

### 5. 化学

化学应该是我高中学得最轻松的一个学科。化学的知识点很多很杂，要记住这些知识，最重要的就是搭建好一个结构。从课本上的分类出发是一个不错的选择，或者从"物质 - 化学方程式 / 结构 - 用途"的物质功能观念出发也是可以的，然后你可以建立自己的知识体系，剩下的就是往自己的知识体系里面塞东西了。建一个大型完备的知识体系保证你是在化学学科上做题/考试取得高效高分的最稳健的一个方法。搭建和扩充知识体系，重在平时的积累和留意观察，阅读读本、训练信息题都是不错的选择。

### 6.生物

在我看来生物是比较难拿高分的，但也不是没有途径可寻。首先，你对课本基础概念的背记不能落下，熟悉课本之后就可以拿到基础分。接着，你想要取得高分就要对课本基础概念和原理灵活应用，这一方面考查考生对知识的理解能力，另一方面也要求考生有一定的背景知识并懂得合理运用课本知识。与其他理科学科相比，生物的体系实际上是大大弱化的，很多概念相互穿插，因果关系复杂。随着新高考的不断推进，信息题在考试中的比重越来越大，毫无疑问，这是学生物的一大痛点。这类信息题在我上高中时还未成熟，对于一些题目老师们也会各执己见，高中生物老师对我说得最频繁的一句话就是："你说的有道理，但这不是我们想考的。"高中的时候我喜欢揣测各个老师的出题规律，如：高老师喜欢考一些见过或者谈及过的题型，李老师喜欢出一些立足于生产、生活实践但又偏难的题，等等。实际上，我这个做法并不合理，学知识最重要的是立足理论，实事求是。唯答案论、唯教师论很容易在面对大型考试时翻车，是不可取的。最好的方法是立足课本来思考问题，这在高考中是一定不会吃亏的。

## 三、关于考试

说是应试，但其实更多功夫在平时积累。如果基础的问题解决了，其实考试已经能轻松应对了，接下来需要关注的重点就是细节问题和心态问题。

所谓的细节问题，就是审题的细节、做题的细节等，这些良好的习惯并非一朝一夕就形成的，平时能做到审题不赶、做题不乱，遇上考试就大差不差了。

心态问题一直是很多人的痛点。首先，我们要明白的一点是别让心态问题成为影响心态的因素。有些人一旦考差之后就会深陷泥潭，总是被消极情绪所影响。最好的解决方法就是大胆地说出来，大胆地沟通。我在高中谈及语文时，常常自我吐槽，或是向同学吐槽，或是同老师一同分析。

其次，你在知道自己的痛点之后，应尽量减少心态问题带来的负面影响。解决的方法有很多：主动和家长、同学、老师探讨是一个不错的选择；另外一种粗暴的方法就是直面它，如我英语不好，我就多训练、多反思、多积累，时间长了，收获就有了。

还有一种心态问题就是人为因素，或者说是环境因素。在一个集体中有了量化就会有差距，嫉妒的心理是不可避免会产生的。高中时期我们班级很团结，但同时大家也很喜欢互相开玩笑，相互 PUA（指一方通过精神打压等方式对另一方进行情感控制）。即使是玩笑也很容易对一个人的心态造成影响，所以恰当的方法是当不好的情绪体验积累到对自身有影响的时候要主动反应，这并非什么有悖集体的行为，相反，它能促进心理韧性的提高。

最后是一个经典的问题，即如何在高考中做到平稳地发挥。很多人，包括我在内，最大的心态问题往往不是出在学科上或是单纯地害怕考试上，而是面对高考的巨大压力而不知所措，无论是外界持续施加的压力，还是对自己多年学习成果即将得到验收的压力，都是巨大的。我对我高考印象最深的两件事就是考前三天把右手弄伤了和考语文前一天晚上失眠了。高考的压力对我是空前的。受伤的那天我请了半天假，回家躺在床上难受地流泪，直到晚自习回校看到同学都在安静地自习，我才忽然想通了：还没考呢，怕什么呢？对于高考，如今我的描述是一场本身微不足道但必要的考试。当初我看到湖北省自主命题的生化卷的时候，我是很想骂人的，我觉得这出题质量甚至赶不上平时的考试，但高考就是这样，高考卷子是顺应教育模式的产物，处在风口之上，面对它时，会觉得大雨将至、电闪雷鸣，待经历后，你才发现那只是纯粹的风大，何曾出现雷雨。

最后，祝愿大家都能成为自己的神，在未来旗开得胜。

## 点　评

　　我仍记得高一的时候因为刘宽的偏科问题而找他谈话，转眼三年后，他步入了中国最高学府之一。刘宽同学是一位勇于探索、富有进取心的学生。在我看来，刘宽最大的特质是愿为爱付出。他热爱化学，深爱着化学。没有谁带着他学，他凭自己的努力自学了很多大学化学的专业课，包括大学生物。每次生化考试他最痛苦，因为他从大学化学、大学生物的角度去看，题目很不严谨。刘宽取得过国家生物联赛一等奖，在数学竞赛和化学竞赛上也都获了奖，这在专搞竞赛的同学看来不算什么，可是七班的学生能在竞赛上取得的好成绩全靠兴趣支持，花的都是业余时间，所以我真心为他骄傲。刘宽凭借认真的学习态度、顽强的意志力和不懈的拼搏精神，在保质保量完成老师要求的情况下发展自己的爱好。

　　这里还要说一件事：高考前布置考场，需要搬铁箱子，他主动报名，不小心划破了手指。打疫苗耽误时间自不必说，我最担心的是他伤着的刚好是右手无名指，这是否会影响写字？询问情况后，他的冷静让我放下心来。和很多黄高学子一样，刘宽就是一个能扛得住事的学生。

　　世界的边界才是你的边界，大胆去探索你人生的可能性吧。

（张旭老师）

# 高中拾忆
## ——从奥赛退出之后，用两年时间圆梦北大

黄冈中学 2022 届高三（7）班 / 梅凌睿

**档案资料**

姓　　名：梅凌睿
院校专业：北京大学理论与应用力学专业
爱　　好：羽毛球、音乐
座 右 铭：勤思则得，善问则裕
获奖情况：北京大学新生奖学金、黄冈市"优秀
　　　　　学生"

　　转眼间我进入北京大学已有大半年，但高中的学习场景仍历历在目，回想起那段时光，觉得辛苦但又充实。在高中或许会困顿迷茫，但来到北大之后只会觉得，这一路的风霜雨雪，值了！

　　我高一参加了一年的竞赛，高二的时候退出竞赛回归高考。因为九班高二要专注竞赛训练，基本不上高考课程，所以我们的课程都压缩在高一一年学完，这样的教学模式虽说加快了教学进度，但由于缺少练习，高考课程实际上学得并不扎实，基础不太牢固。我至今仍清晰地记得我退出九班后的第一次考试：数学只考了 98 分；化学只考了 59 分，甚至都没有及格。但经过了两年的努力，我最终还是来到了梦想中的学府——北京大学。

## 一、数学

　　我想数学可能是令大多数同学感到困惑的一门学科。常言道"得数学者得

天下"，我想这句话不无道理，在一次大考中，一名学生在数学考试中的发挥结果可以在很大程度上决定最后的总分排名，所以我先来说说数学学习。

其实我在预录班时期就没有打好高中数学的底子，第一次月考数学只有111分，第二次月考也只有120分；后来进入九班进度加快，我的数学基础便一直没有打牢。刚来到七班时，数学老师说我的数学存在很大的问题，急需解决，于是他建议我买一本数学教辅资料，并且比其他同学更早地开始复习（也可以说是提前预习一轮复习的内容）。我听取了他的建议，开始了我的"数学补强计划"。印象中比较深刻的是，有一次我们还在复习立体几何章节的时候，因为下一章就要复习排列组合了，而我又深知我对染色问题、错排问题等经典题型不太熟练，于是我便找到班主任，让他帮我找一些有关题目，从而进行专题突破。我需要对自己有一个清晰的认识，知道自己哪一块学得好，哪一块学得不好，并且进行有针对性的补强训练。

数学作为理科，必然是有迹可循的，换句话说，它的题目"万变不离其宗"。也就是说，哪怕题目千变万化，我们只需要做到"以不变应万变"，就可以拿下这些题目了，而想要做到这点就需要进行总结归纳。我在一轮复习时，每复习完一章便会对这一章的内容进行总结归纳。我的总结大致分为两部分：一部分是本章知识点总结，另一部分是题型归纳。拿排列组合来说，我总结了二十种排列组合的题型，其中就包括染色问题、错排问题、多面手问题等。

梅凌睿同学的数学归纳总结

当然只进行总结归纳是不够的，还需要多做题。在二轮复习的时候，我们就开始了专题训练，做了很多题目，这时我又对我在一轮复习时的总结进行了补充。就拿圆锥曲线举例，我后来又补充总结了一个非对称韦达的专题。

我想我们还需要见识一些新题型，不能拘泥于已有的题目。今年高考我的数学只考了 116 分，平时我的数学都可以做到 140+，但高考却失利了。一方面今年高考数学出题比较难，题型比较新颖；另一方面就是我满足于学校所提供的资料，只去挖掘已有的资源。现在新高考改革，在这种模式下，一遍又一遍地重复原来的老题实际上效果并不会太好，所以还需要在三轮复习的时候利用好自由复习的时间去见识一些新题型，这也是经历了今年高考之后我对自己的反思。

## 二、物理

我在高一的时候参加过物理竞赛，所以我退出九班之后并没有在物理上投入太多的精力，而且参加过物理竞赛后，我见识到了一些和高考不一样的题目，也相当于是见识了新题型，以至于我在高考时遇见平常没训练过的题目时也不会太慌张。

总的来说，物理学习和数学大同小异，我也是通过做总结的方式来提升自己的。但与数学不同的一点在于，物理学习更注重模型而不是题目。我在做物理题时会留心题图相似的地方，并且做几个类似的题目后会抽象出模型，日后再做题时就可以通过观察题目条件去联想相关的模型。物理最后一道大题有时候看起来很难，但实际上只是它

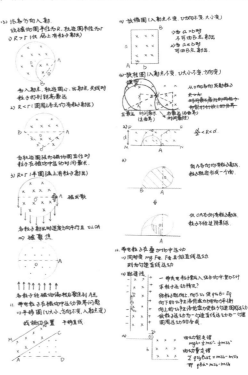

梅凌睿同学的物理归纳总结

涉及的模型比较多，通常可能是三到四个模型揉在一起，一个小问对应一个模型，如果把题目拆开来看，你或许就会恍然大悟，茅塞顿开。

物理相较于数学还有一点不同，那便是考试时间，它比数学少了四十五分钟，但实际上只少了六道题目，其中还有五道是小题，那么物理考试便存在一个时间分配的问题。有时候前面的题耽误了太久，导致后面只留下二三十分钟的时间去做最后三道大题，这时我们自己就慌了，也没法静下心来读题、解题。曾经我就是把小题中每一个选项都验算一遍，单选题即使知道 A 是对的，也要把 B、C、D 都算一遍，生怕我判断 A 是对的失误了，但后来我发现这样做题每次考试都很赶，导致最后一道大题也没有充分的时间去思考。因此，如果物理答题时间不够用的话，可以尝试从小题挤时间，单选题选出一个就不管剩下的，多选题可以灵活地运用代入、排除等方法。

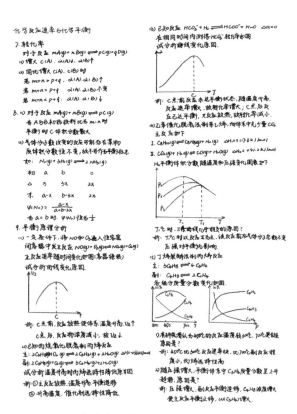

梅凌睿同学的化学归纳总结

# 三、化学

化学是一门赋分学科，最终的得分取决于整体水平，或许平时我们原始分只有 70 多分但也会赋到了 90+，但这并不代表我们可以懈怠甚至忽视对化学学科的学习。我依然以亲身经历举例，今年高考我化学最后赋分也只有 91 分，实际上这并不是一个很高的分数，在大型考试中化学要拿到 95+ 才具有一定的优势。

我学习化学的方法依然是进行总结归纳，但不同于物理，对化学总结我更注重于题型。对于化学四道大题——工艺流程、实验、有机推断、平衡，我便从这四个方面进行总结。工艺流程和实验更多的是考查操作及其意义，这个可以通过练习总结出一些通点。我当时学得最差的就是有机，但做多了有机题之后，我发现有机推断才是四道大题里最简单的。有机推断可以从反应条件入手去推，很多化学反应课本上不会讲，但实际上推断题中出现得很多，如格氏试剂。做多了有机推断之后，你会觉得它是一道很有意思的题目，所以后来做题时我都先把有机推断做了。平衡可能是四道大题里最难的，它考查我们对图像的解读、计算、分析原因等多方面的能力，我们也可以通过多练去总结其中的规律。

## 四、生物

生物常被称作"理科中的文科"，因为生物有许多东西需要记忆，具有一定的文科特性，但它又不完全等同于文科，虽然要记的内容很多，但这些知识点之间都有一定的内在联系，比如发酵工艺就与呼吸作用相关。跟化学一样，生物也是赋分学科，我们同样要认真对待它。

生物可以归纳总结的内容其实非常多，毕竟它的知识点实在太多，需要在一个很大的框架下去构建知识体系，但这样做起来需要耗费很多精力，所以可以选取一部分进行总结归纳。我做的是简答题的总结，因为我觉得这种题目考查比较灵活，需要我们用生物学知识去解释一些生活中的现象。生物还可以整理一些典型题型，如光合和呼吸的综合考查（瓶＋溶液）、有丝分裂和减数分裂的综合考查、池塘生态等。

学好生物也需要多见一些新题，因为生物知识的考查都依托于真实情境。而科学与时俱进，出题人大可以用一项新的科学发现作为情境来出题，或者用高中课本上虽然没有但大学生物会学到的知识作为阅读材料来进行考查。

## 五、语文

语文是一个很灵性的学科，我们是无法通过什么规律或者套路去解语文题的；就算有，6 分的问答题也只能得到 4 或 5 分，不可能拿满，因为语文答题是需要紧扣文本的，要真正把文章读懂才能把要点答全。

我的语文老师曾教我们语文答题要有四个意识：文本意识、考点意识、分条意识以及比较意识。所谓文本意识便是要紧扣文本来答题，不能信口开河，如某一类题可以从六个角度思考，但实际上文章只涉及其中三点或四点，如果只是按套路答六点上去，不仅空间不够，还容易让阅卷老师遗失真正的要点。考点意识就是要明确一道题考的是什么，一般考点不太明确的题目就是文学类文本阅读和文言文阅读的最后一题，这时候需要我们自己去发掘考点，抓住要点。分条意识便是答题思路要清晰，要记得标序号，不可重复答一点，也不可将多点答成一点。最后的比较意识有点类似总结归纳，就是我们在做一篇阅读的时候可以联想曾经做过的一篇类似的阅读，或者是在做选择题比较纠结的时候去比对各个选项，比较有时也能收获意想不到的结果。

分题来说的话，论述类文本阅读要画线标重点。这种文章一般很长，读完可能就要六七分钟，很容易前面读了后面忘，那么我们就可以标出论点，分析清楚文章的结构，明确论证方法，把文章拆开来读。文学类文本阅读就主要是靠理解了。文言文阅读可以通过积累文言字词、特殊句式等来快速读懂文章，只要看懂文意，文言文其实非常简单。诗歌也可以采用对比的方法，对比同题材的诗歌，如田园诗、边塞诗等。语言文字运用就靠平时积累了，而多阅读也可以培养一个好的语感，做这类题时语感非常重要。至于作文，我就不多说了，各人有各人喜欢的结构，多积累素材就行。

# 六、英语

英语或许是通过刷题最能见效的一门学科了，当然刷题也不是盲刷，刷了之后得有自己的思考。我的英语老师非常推崇思维导图，可我们在考试的时候没有时间去条分缕析画一张图，这时我们也可以画线抓重点，捋结构。英语阅读一般有四种文体：新闻、记叙文、说明文、议论文。拿说明文举例，一般的结构是"说明对象—发明人介绍—发明过程—用途—评论—未来发展前景"，或者是"说明对象—实验过程—实验结果—评论"。只要弄清了文章结构，有时即使有很多生词，我们也能大概猜出某一段写的是什么内容。针对语法单词填空，可以做一个错题本，然后分考点积累自己做错的语法单词填空题。英语作文把字写好就成功了一半，剩下的一半可以靠平时多阅读范文，去积累一些好词好句，在考试中展现自己的文采。

## 七、心态

以上说了很多学习方法，但我觉得心态才是最重要的。如果没有一个好的心态，一拿到卷子就慌了神，即使再有实力也发挥不出来。高二的时候我们开始每周统分，印象中高二下学期我只有两次不是一周分数最高的，并且那两周我也是第二，但月考的时候我只能考班上第七名到第十名，在年级中也就是十几名。我一直很困惑：为什么我平时能考那么好，大考却发挥不出来？按道理来说，平时考得好代表着我把过程做好了，那结果不应该差啊。后来在与班主任的一次谈话中我明白了，这与我的心态有很大关系。刚退出九班时我觉得自己水平不行，所以考差了也无所谓，放开了去考。但后来随着水平慢慢地提高，我就开始有了顾虑，担心自己没考好，心里想得多了，考得就不好了。再后来我觉得自己还可以，又想证明自己的能力，这样反倒考不好。进入高三后我们班化学老师说了一个词，叫"无欲无求"，我觉得这或许是应考最佳的心态和状态：不对考试结果抱有期望，只是把考试当作一次限时做题来看，最终会取得理想的结果。

还有一点，与我的学习方法有关。因为我平时总结归纳很多，所以刷题相对较少，考试时遇见一种新题型就容易慌了神。"这题我没做过，那不就做不出来了"，我会这么想。这种心态也是不可取的。考试难免会有新题，即使我们刷了很多题也会遇见新题，但我们不能忽略人在考场上的主观创造性，即使是没做过的题，我们也能分析清楚并把它解出来。

勤思则得，善问则裕，通往成功的路必然是荆棘丛生的，但当我们站在理想的终点时，我们也可以骄傲回看来时的路。

## 点 评

　　一次联考我监考梅凌睿的数学，在离考试结束还有十分钟的时候，他还有一道大题没动笔。他也不慌，不紧不慢地计算着，收卷铃响的时候，他写下了最后一个句号。这次数学考试，他仍然考到了最高分。稳就是梅凌睿的特点。来事不慌，遇事能扛，因为事前就想好了。这种不紧不慢、有条不紊的做事态度在很多黄高学子身上都能看到，这就是实力。梅凌睿勤于思考，善于反思，好学上进，懂总结，会分析，对自己的成长和发展有清晰的认识，能够数年如一日地坚持和落实。他既做到了脚踏实地又能仰望星空，对自己的过往、现状、将来都有清晰的认识，能充分规划自己的学习，是自己学习的主人。

　　一个人知道得越多，越会觉得自己所知甚少，不知道的东西更多。梅凌睿就是这种对知识心存敬畏、永远保持空杯的孩子。他能对新事物永远保持开放的心态，大量吸收新的知识，向外探寻，向内思考，不断打破自己，提升自己。梅凌睿就是靠着这股钻劲儿一步一步实现自己的梦想，最终圆梦北大。

　　希望你永远眼里有光，心中有梦，脚下有力量！

（张旭老师）

# 关于教育和我

## ——曾浑浑噩噩，也曾与班主任争执得面红耳赤

黄冈中学 2022 届高三（7）班 / 田家骏

**档案资料**

姓　　名：田家骏
院校专业：北京大学医学部
爱　　好：足球、写字
座 右 铭：每一个圣人都有不堪回首的过去，每一个罪人都有洁白无瑕的未来
获奖情况：黄冈中学"进步之星"

## 一、引言

2023 年 2 月 7 日，我收到高中班主任张旭老师的消息，邀请我参与编写《我在名校等你来》一书。接到这个任务，我倍感欣喜。早在许多年以前，我拿到过一本类似的书，来自华中师范大学第一附属中学，书名大抵是《从专县生到清华北大》之类的，具体已经记不清了。如今黄高的老师同样在着手出版这样的书，代表着黄冈的教育在努力向一线城市靠齐，这固然是值得庆贺的。但是对于一代代黄冈人（尤其是黄高人）来说，他们更愿意把这看成黄冈教育对于自身辉煌过去的努力追赶。我的高中三年同样是在追赶自己的过去。想到这里，我不禁怀疑我和黄高之间是否有什么特别的缘分，以至于我和黄高互相选择，也在朝着更好的自己追赶。

## 二、改变我的一句话

我是通过预录考试进入黄高的，但是预录考试我考得很不好，勉强越过了我们县的分数线。这大大超出了我的预料，因为我在初中所有的模拟中从来没考出过这样低的成绩。尽管我幸运地进入了黄高的实验班，但我仍然将这次考试视为我人生中的一次重大失败。遗憾的是，当时的我并没有正确对待这次失败，反而因为这个刺眼的分数降低了对自己的要求。一直以来家里对我的期望都很高，加上我的两个姐姐都非常优秀，这给了我很大的压力。在那个叛逆的年纪，我感到有些不公。许多时候我已经做到其他孩子无法做到的事情，却还是不能得到家人的满意。在初中的时候，我的学习很随意，却总能取得很好的效果。进入高中，由于知识难度的增加和竞争压力的增大，我不再像从前那样得心应手。我于是更加懈怠，不仅没有改掉学习随意的毛病，反而更加我行我素。在预录班的第一次月考中，我只取得了年级一百名开外的成绩。之后的几次月考，尽管我三番五次努力想进步，然而力不从心，都没有收到成效，全都是一百名左右的成绩。

浑浑噩噩过了半个学期，在第一个学期的期中考试之后，我又一次勉强越过了进入重点班的分数线，进入了2022届的七班。即使如此，我依旧没有调整好自己的心态，无论是学习还是班级里的其他活动，我都表现得缺乏自信。在这个聚集了优等生的班级里，我只能排在中下游。长期的散漫让我已经找不到努力的方法，无论我多么渴望进步，都无法发挥出自己真正的潜力，也找不回曾经那样优秀的自己。我开始愈发懒惰，并且在同一时期经历了失恋，意志力彻底消沉。夜晚，我难以入睡，脑子里都是各种消极的念头；早晨，我无法按时到校，甚至整个上午屡屡缺课。奇怪的是，我的成绩并没有像我预想的那样快速下滑，仍然维持在年级一百名左右。这种"进退两难"的现状使我完全没了上进心，我的旷课行为变本加厉，即使坐在座位上也时常恍惚或者发呆。这种状态自然引起了班主任的关注和担忧，他屡次约我谈话，试图找出我堕落的源头，斩除我的心魔。可是我早对这种说教不耐烦，从不肯爽快地说出自己内心真实的想法。直到某一次谈话，他的话触动了我。

他这样说："田家骏，我不知道你出于什么原因把自己塑造成玩世不恭的样子。或许你仍然不信任我，所以你没有对我讲出实情。成为教师以来，我从来没放弃过任何一个学生，我也不会让你成为第一个，我相信你的内心依然是上进的……"

这些当然是老生常谈的内容，我已经不想再听下去。

"田家骏，我要告诉你教育的意义是什么。对于我来说，教育是让优秀者变得更加优秀。你已经非常优秀，即使你依然保持这种状态，省里的 985 也肯定可以录取你。但如果这样，我们对你的教育又有什么意义呢？我们到底帮到了你什么？"

我记住了这句话，教育是让优秀者更优秀。在中国的体制下，一个孩子不只是为自己而接受教育，他的身后或许是整个家庭的期许乃至整个家族的希望。我的家庭虽然不至于需要我来贴补，但是他们始终希望我能成为最好的自己。我重新思量我应该成为一个什么样的人，我应该做些什么来成为那样的人。我的姐姐是清华毕业的，家里一直希望我能上北大。但我不敢想，我离大家的期待还差得太远，我只是想为了追上曾经的自己再试一试。

## 三、整体大于部分之和

我的成绩起初属于比较平均的类型，每一科都比较平庸。但或许是个人天资的原因，我逐渐觉得有些科目（对我来说是英语和化学）学起来比较轻松，甚至不需要太多投入；另一些学科（对我来说是物理）就越发困难，很难抓住要点。到了高二我开始有比较明显的偏科迹象出现，物理和生物经常会考出低分，有时及格都成了难事。每次考试结束后，我都觉得自己发挥得不错，但是我在薄弱学科上被别人拉开了太大的差距，偏偏物理在湖北省又不是赋分学科，没有办法通过重新赋分来缩小差距，所以我的总分总是不理想。我研究了班上成绩优秀的同学的分数，发现他们都没有明显的薄弱学科，只需要每科都保持在正常水平就能获得很高的总分。在自己的反思和张老师的建议下，我把学习重心放在了我的薄弱学科上。后来整个班级都在开展提高薄弱学科的行动，张老师为此特地购置了一台打印机和足量的纸张，使班上每个人都可以在他的电脑上搜寻适合自己的题目并打印。这样做一方面减少了刷题的经济和时间成本，另一方面也让大家的热情高涨。只可惜我不属于经常刷题的选手，在班上属于打印最少的那一部分人，想起来实在是有些可惜。

在老师和同学的帮助下，我的物理和生物成绩都有了很大进步，这也是我在高考中发挥良好的重要基础，因此说重视学科均衡才是提高总分最快的办法。

## 四、有些时候"无"大于"有"

高中的学习强度很大，效率是决定效果的重要变量。张老师在我们的教室里贴上了一句话，内容是"让学习真正地发生"。直到现在我还常常回想起这句话，无论我在做什么，我都尝试着让我手头上的事"真正地发生"。何谓"让学习真正地发生"？换言之，什么样的学习并非真正地发生？

对于高中学习这种强度的活动来说，首先要保持充足的精力，其次要保持平稳的心态。但实际上这两点都是很难做到的。黄高的学习时间安排得非常满，根本无法做到充分休息；黄高的考试多如牛毛，根本不可能保持平稳的心态。然而即使如此，我说的两个要点也绝非废话。如此便要引出我想说的话题：低劣的"有"甚至不及"无"。在疲惫的时候学习，只会更加疲惫，并且你在学习的每一秒里都发挥不出自己的真实水平，更可能引起对自己学习能力的怀疑，进而导致你的水平倒退。精力不足，心态自然也不会平稳，这两点往往存在正相关的关系。

对于我来说，没劲学就不学，没心情学也就不学。这听起来似乎十分随意，更有拉着学弟、学妹跳火坑的嫌疑。硬要解释的话，那就是不做出学习的行为并不代表你的学习效率就是零。也就是说，当你精力不足时，休息是必要的提高效率的手段，所以即使在短时间内你的工作量是零，但充足休息带来的潜在价值却不是零，并且常常是高于疲劳状态下学习的价值的。

因此，我强烈建议大家要给自己调整的时间，敢于花时间去做"无用功"。

例如，你早读的时候经常犯困，根本没法完成记忆和背诵的任务，那你就可以将早读的时间用于精力的补充或者自我的反思，在精力充沛并且达到清醒冷静的状态后，选择你状态最佳的时间来完成学习任务。这样你会比其他人更轻松，也能收获更多的成效，最关键的是不会因为高压导致心理不健康。

田家骏通过"讲题"来实现
"学习真正地发生"

## 点 评

田家骏绝对是一个传奇。他的人生传奇不是因为获得了多少奖项，考了多少次第一，而是人生的逆袭，是变不可能为可能。你可曾想过一个高一就开始不上早自习，考试一旦不如意就旷课三天，整个高中阶段就上过一次光荣榜的学生最后竟然考上了北大，还在北大混得风生水起。你可能会说这是天赋，诚然这家伙是有一股聪明劲儿，而聪明的背后是他对教育真谛的孜孜追问，是他对高效率学习的不断探索，是他对想要学到最好的强烈渴望。

田家骏的成功还在于他分得清轻重。高中阶段我俩讨论过很多问题，有时候会争得面红耳赤，但是我俩依然能相互尊重。我知道他爱面子，那我就用建议的方式和他交流。他知道我从来都是对事不对人，所以就算我让他当众认错，第二天我俩一样能正常面对。高考数学考完了，他磨蹭到最后和我讲数学发挥得不好（他数学通常都在145+），我鼓励他考一科放一科，专注在下一科的备考上。看到他晚自习准时来到教室，我不禁感慨，我果然还是那个他学习上最信任的人。黄冈中学的老师都是就事论事，从不否定学生个人，因而营造了亦师亦友的良好师生关系。

　　高考后他主动辅导孩子们学习，教的还是高中物理，我心里非常欣慰。在黄冈中学的三年多，田家骏同学确实改变和成长了很多，入学时那个稚嫩青涩的面孔已然变得坚毅而沉稳。我相信他在未来能凭借黄高赋予他的品格和能力走向更加广阔的天地。

（张旭老师）

# 高三回忆
## ——高三伊始，我曾想放弃自己的清北梦想

黄冈中学 2022 届高三（8）班／毛维科

**档案资料**

**姓　　名：** 毛维科
**院校专业：** 北京大学工学院力学系
**爱　　好：** 羽毛球、跑步
**座 右 铭：** 知止而后有定，定而后能静，静而后能安，安而后能虑，虑而后能得
**获奖情况：** 黄冈市学生标兵、黄冈中学学习标兵

一年之前，若让我用几个词概括高三，我会回答：忙碌、焦虑、迷茫、虚无。而现在，我会回答：充实。

从高二下学期至高三上学期的考试，我的成绩可以说是一落千丈。从年级前十逐渐跌至年级一百名开外。当时我觉得，其实不是我变笨了，而是以前还有很多人没有那么用功，以至于我随随便便就能考到一个较高的名次，而现在，这种情况已经一去不返。直到后来，我才发现一个更重要的原因——我已经许久没有进步了。但凡是一个非常在意成绩的学生，遇到像我这样的成绩下滑，都难免焦虑，与之相伴的是各种尝试。我尝试过一天到晚抓紧下课时间做题，一天甚至不和别人多说几句话；我尝试过上课全神贯注听讲，下课肆意喧闹放松；我还尝试过不做作业以外的任何资料书，将时间全部花在整理知识点上；我也尝试过一个劲地刷题，保持所谓的"题感"。我感觉我当时就像调试一台机器一样不断改变自己的做法，想要找到那个近乎理想的模式。然而每当成绩不尽如人意的时候，我就会更加焦虑，进而转向另一种做法，然而最后结

果总还是不尽如人意。如此循环往复多次以后，我开始怀疑努力的意义，陷入一种虚无主义，同时开始丧失对一些目标的追求。高二上学期，我能当着全班同学的面说出"我想考清华大学"这样的话，但到了高三上学期，我开始给自己找若干考武大华科的理由。也就是在那时，我的心态再次发生了变化，我不再和自己说我要考年级前几，而是告诉自己：知天命，尽人事。专注于努力的过程，不管结果如何，坦然地接受它。怀抱着这样一种心态，在高三的最后一段时间内，我感到格外地平和。最终，高考的结果也没有辜负我的付出。

凡以上种种，都是以一个高三学生或者准大学生的眼光看待那段时光的。但在燕园度过一个学期后，我再回首那段时光，总会多一种感觉，那就是羡慕。我羡慕那段时间只需要为一个目标努力而不需要考虑太多其他的事情。所谓"大学牲"的自嘲也说明大学生活并不如很多人想象得那样轻松，当我要开始学会独立生活时，当我要学会如何应对多维度的社会评价时，当我不得不承认自己与社会之间巨大的信息差时，迷茫与焦虑之感不减高三，总是陷入"间歇性壮志凌云，持续性混吃等死"的泥潭。因此，我用"充实"形容高三，虽然有美化回忆的倾向，但也确是我此时此刻真实的感受。

# 一、学习经验分享

## 1. 语文

我的语文相比于其他学科水平最低，即使在高考中也并未取得一个好的分数。因此当我在分享语文学科的学习经验时，我不会说该做什么，而是会说，像我这样做是不行的。首先，我总是在上课时对老师的提问无动于衷。每当老师上课提问时，我总会在心里默念："老师，这个问题怎么这么难，千万不要点我回答。"我没有把自己预设为将要回答问题的人并努力去思考这个问题。其次，我总是不能及时落实每次作业与考试时出现的知识点。每次作业和考试中都会出现自己未掌握的知识点，而我并没有趁热打铁，及时将其整理在积累本上，而是常常将其抛于身后。长此以往，到了高三，当其他同学能够对各种知识点烂熟于心时，我却只能干巴巴地瞪眼。最后，我总是不喜欢给别人看自己的作文，更不希望让别人修改自己的作文，这导致我的作文水平一直停滞不前。当别人写出妙笔生花的文章时，我仍在写着拗口且肤浅的文字。以上这些都是我在高中学习语文时犯过的错误。但以上未提及的一点是，我有极为严重的拖延症。实际上，每次语文作业和考试试卷有哪些东西还没整理，我记得清清楚楚，哪次作文还没修改或者重写，我也一样记得很清楚，我甚至会把它们专门放到一个垫板里夹着。但是我最后总是不能及时抽出时间来把这些事情做了，往往都是不了了之。从高一到高三，我一直明白语文是自己的软肋，总是在提出各种各样学习语文的规划，但却未付诸实际行动，或者只坚持了一段时间便放弃了。这也是为什么我到了高三才发现自己一直没有进步。我至今仍感到后悔的是，直到高考前一个月，我才真正用心地开始做语文学科的积累工作，开始主动找老师、同学评改作文——而这些都是我早就该开始做的。我到现在还能回想起班主任在高三下学期时说过的"还不太晚"之类的话，这些话又何尝不是说给我听的。事实上，当有人对你说"为时不晚"时，隐含的意思其实是已经晚了，而我们能够做的只有付出行动，及时止损。

## 2. 英语

高考英语应该是所有学科里公认的最简单的了。这种简单不仅体现在题目难度，更体现在出题的严谨性。相信不少学生都遭遇过在做阅读题时被一些奇怪的题目所折磨。所谓"奇怪"，就是说，即使一篇英语短文全部给你翻译成中文，你读完了还是会选择那个"错误"的选项，很难按照出题人的想法选出"正确"的选项。好在高考英语几乎从未出现过这种题目。将这点放在前面说，也是希望一些同学不要因为被一些所谓的难题折磨过就认为英语是一门玄学。关于英语学习，有两点非常重要：其一，英语想要考高分需要一定的词汇量，但不完全依赖于词汇量，毕竟总有你不认识的词。更为重要的是，要锻炼根据前后文推断词义的能力（这点实际上也经常作为单独的考题进行考查），不能一遇到不认识的词语就诉诸词典。其二，语感这种东西是确实存在的，而且这种东西是可以培养的，如看一些英语的影视作品或者听英文歌，最好是有双语字幕的那种，这不仅是培养语感的一种途径，更会带来一些额外的好处。例如，有时候你觉得一句台词或歌词很经典，然后你去查了一下词典，弄明白了其中一些单词的意思，日后你如果在阅读题里碰到，这不仅会让你感到惊喜，更能够进一步强化你的记忆。与此类似，你在课上学会了一种表达方式，然后在音像作品中又见到了这种表达方式，同样会强化你的记忆。

### 3. 数学

高中数学课本上的知识体量不大，而高考考查得较为细致，因此需要对各个章节下面的二级结论（广义）和一些典型例题极为熟练。比方说圆锥曲线的几种定义、圆的几种定义、导数大题的几种常见题型……熟练掌握这些知识可以让我们在做题时能够对题目信息做出最快的反应，甚至能够站在出题人的角度思考问题。更进一步，如果能掌握一些诸如仿射变换、极坐标、泰勒展开、洛必达法则等知识，也能够在做题时帮助我们摸索出答案。至于如何掌握数学中的各种二级结论及典型例题，最好的做法就是自己推导一遍。哪怕推导过程异常艰难，但只要你能够保证弄明白推导过程的每一步，那么熟记这些知识也就不再困难了。

有关高中数学的学习，有一个避不开的问题就是刷题。至于刷什么题或者刷多少题，这都是因人而异的，我认为更重要的是要注重总结与发散。上文中我在二级结论后面加了个"广义"，并且我提到的典型例题也没有明确的定义。事实上，每当你做完一道题之后，不妨想一想这道题你见过多少次了（当然不是原题，而是指与之类似的题，只要你觉得类似就行），然后你可以想一想这道题是否可以称得上典型，如果足够典型，那么它就是你的典型例题。类似地，当一个运算结果频繁出现时（如双曲线上一点到两渐近线距离的乘积），你是否可以自己提炼出一个二级结论……像这样对每道题进行总结与发散，做题就会更加熟练与自信。高考时前面选填有一定难度，而且我自己也出现了审题失误导致卡题，然后慌忙跳题到大题部分的情况。幸运的是前两道大题我都极其熟练，于是我才逐渐平稳了心态，最终取得了一个不错的分数。

### 4. 物理

有研究表明，高中生的物理成绩与数学成绩是高度正相关的，因此这两门学科的学习方法其实也极为相近。我在上文中谈到的数学学习方法几乎也可以直接套用为物理学科的学习方法。物理课本知识体量一样较小，可以提炼的二级结论、值得掌握的典型例题一样繁多。如若非要说有什么不同的话，那就是现在各种物理资料书过于内卷，提炼出来的各种二级结论都太过于细致。很多二级结论不过是一些更为基础的结论的变式，譬如测量电源的电阻与电动势一节里，只需要把内接法与外接法弄清楚就可以了，其他诸如安阻法、伏阻法、安安法等都不过是内接法与外接法的变式。我在高中前前后后有四位物理老师给我上过课，他们中的每一位基本上都会说这样一句话：基础不牢，地动山摇。这句话其实很好地反映了高中物理学习的重点——打好基础。实际上，所谓基础并不局限于课本上的知识，任何你见过的题型、掌握的知识都可以称为基础，而牢牢掌握这些基础，你就会发现所谓物理题不过是一些基础问题的排列组合，而那些所谓的难题不过是这些基础问题在排列组合的基础上相互嵌套，形成更为复杂的结构，但本质没有变。因此，只要基础够牢固，遇到物理题就可以做到一眼看出它在考查什么知识点、会如何设坑，如果不是熟悉的套路，也能够看出它与其他套路的差异在哪儿。

谈完了数学与物理两科的学习方法，我想顺便谈谈计算这个问题。首先，我想说计算本身就是简单的，但是如果计算出现了问题往往不仅仅是因为你计算能力不过关。打草稿的书写习惯是否良好，计算时是否跳过了不该跳的步骤，这些都是与计算问题密切相关的。除此之外，如果一道题明明有更简单的做法，而你却用了其他比较复杂的做法，那么出现了计算问题就不能单纯说是计算能力的问题。如果你在做圆锥曲线大题的时候时间不够了，又或者是前面的小题让你的心态受到了影响，那么出现了计算问题同样不能单纯归咎于计算能力或者是一时间脑子不对劲。当然，确实存在纯粹的计算错误，人不是机器，任何人都不能保证自己每一次计算都不出现错误。尽管如此，我们能够通过其他方面的努力规避这种错误，正视自己的不足才能取得真正的进步。

### 5. 生物

生物学和其他理科最大的区别就在于课本知识体量相当大。相应地，在生物学中就不会太多地谈论二级结论（当然生物学中也有，如遗传家系图中的一些常见二级结论，能够判断某遗传病的遗传方式），而是会谈论课本中出现的各种小的知识点。这件事既有好处，也有坏处。好处是生物学的考查范围就局限于课本，所有题目的答案来源就只有两个——题干与课本，如果非要再加上一个的话，那就是"生活常识"。坏处是即使明确了范围，我们也往往找不准。因此，生物学的学习是要建立在记忆的基础上的，最重要的就是读背和勤翻课本。至于高考时生物如何更准确地找到答案，至关重要的就是审题。有些人可能有时候会被一些凑字数的假信息干扰，总是习惯性忽略掉题目中的条件。然而高考的生物题题干中不会有废话，每一句话或多或少都是为了引导你的答题方向不至于偏离正轨，因此更为合适的做法是读题不要省时间，而是放慢速度，圈出关键字（如决定答案的字眼，如"真核""原核"，或者补充信息的字句）。

### 6. 化学

化学这门学科的知识总量不算大，单纯地背完课本上的所有知识点并不困难。化学的大题基本上都有一些总结好的解题模板，譬如化学平衡中的三步法就可以"一招鲜吃遍天"，实在不行就加上三大平衡；实验题和化工流程题中操作步骤的原因、仪器的用途、药品的用处等，几乎都有对应的总结。选择题中常见的易错点，如弱电解质在离子方程式中不拆、共价化合物和离子化合物的特例等，都是可以通过刷题及总结做到滚瓜烂熟的。事实上，化学考查的绝大部分内容会在高中学习过程中见到原型，而真正考查能力的只有主观题的少数几个空。因此，平常遇到不熟悉的知识点就记下来，积少成多，到后面你就会发现基本上已经没有多少新鲜东西了，这保证你会的都做对，就能拿高分，而对那少数的主观题分数则不必强求，能做对更好，没做对也无伤大局。

## 二、关于一些习惯

首先要提的就是做计划的习惯。高中的学习是有一定的自由时间的，而如何利用好这段时间就非常关键。如果能够做到每次自习课时都提前规划好上课时要做什么，那么自习时间就能够利用得更加充分，同时由于已经有了心理预期，自习的效率也会更高。另外，计划不必拘泥于形式。如果你在一天之初就已经想好了一天内要做什么，那么你的计划就确定得非常好，接下来你需要做的就是去执行。而如果你在快要到自由时间的时候还没想好今天一天要干什么，不妨拿出纸和笔，腾出一点时间写一份计划，这同样能为你这一天的学习提高效率。

接下来要谈的一点，我认为比上述所谈的全部更重要，即：所谓最好的学习方法，永远都只能是自己想出并能够付诸实践的。将自己的学习方法与其他人的学习方法相互观照当然是好的，但更应该坚持自己的想法并坚持行动。事实上，若在平日里问一位学霸如何学好一门学科，如果他／她比较敷衍的话，回答往往就是两个字："刷题。"如果负责一点的话，他／她会说："多刷题。"你大可以说这样回答如此那般的不合理，我也这么觉得，但这的确就是最快捷的道路。除了"刷题"，我会补充"思考、总结、发散和落实"，我觉得就这么简单。每个学科我就是按照这种思路去学习的，至于具体怎么实行，只有亲身尝试后才会逐渐总结出做法。但是就这么寥寥几个词语，别人是不喜欢听的，不喜欢独立思考的人就喜欢那种学霸用过的、细致入微的做法。而那些做法无疑是那些所谓"学霸"在努力钻研之后自己体会出的心得，无疑是最适合自己的（不然他／她也没机会和你分享他／她的心得），却未必适用于其他人。有几个学霸会经常看我是怎么做梳理总结的，但是回去后仍然会坚持自己的做法。我也看过班上一个数学成绩很好的同学的做题过程，他在我面前飞快做完一套题后如是对我说："做数学题，你不要去想这道题应该怎么做，你就去算，发现做不出来就换方法算，对的话就继续算。"而这样的做法只适合于脑子转得很快且计算特别快的他。我要说的最后一个习惯，也就是多思考，我们要思考如何做出一道题，更要思考如何做好"学习"这件事。

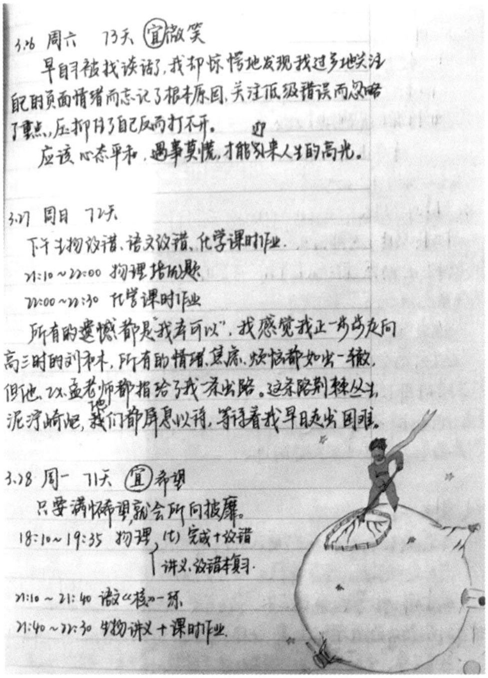
3.26 周六 73天 宜微笑

早自习被找谈话了，我却惊愕地发现我过多地关注自己的负面情绪而忘记了根本原因，关注低级错误而忽略了重点，压抑了自己反而打不开。

应该心态平和，遇事莫慌，才能迎来人生的高光。

3.27 周日 72天

下午生物改错、语文改错、化学课时作业。

21:10～22:00 物理培优题

22:00～22:30 化学课时作业

所有的遗憾都是"我本可以"，我感觉我正一步步走向高三时的刘和木，所有的情绪、焦虑、烦恼都如出一辙，但他、2X、孟老师都指给了我一条出路。这条路荆棘丛生，泥泞崎岖，我们都屏息以待，等待着我早日走出困难。

3.28 周一 71天 宜希望

只要满怀希望，就会所向披靡。

18:10～19:35 物理（七）完成+改错

讲义、改错本复习。

21:10～21:40 语文《核》一练

21:40～22:30 生物讲义+课时作业。

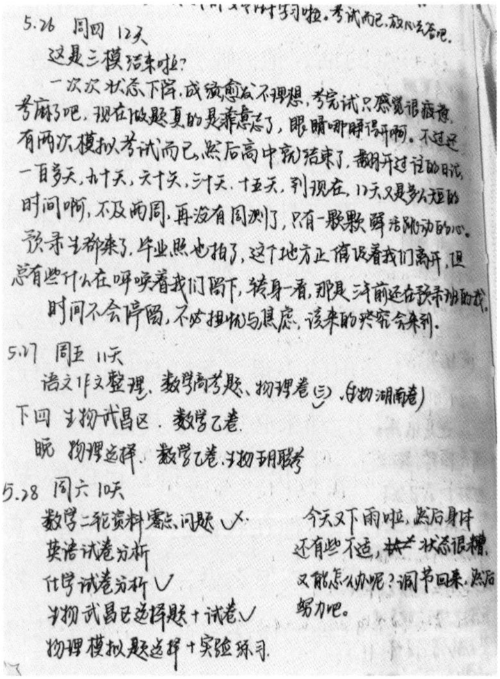
……学习啦。考试而已，放心去答吧。

5.26 周四 12天

这是三模结束啦？

一次次状态下降，成绩愈发不理想，考完试只感觉很疲惫，考麻了吧。现在做题真的是靠意志了，眼睛哪睁得开啊。不过还有两次模拟考试而已，然后高中就结束了。翻开过往的日记，一百多天，九十天，六十天，三十天，十五天，到现在，12天又是多么短的时间啊，不及两周，再没有周测了，只有一颗颗鲜活跳动的心。

新录生都来了，毕业照也拍了，这个地方正催促着我们离开，但总有些什么在呼唤着我们留下，转身一看，那是三年前还在新录班的我。

时间不会停留，不必担忧与焦虑，该来的终究会来到。

5.27 周五 11天

语文作文整理、数学高考题、物理卷（三）、（生物湖南卷）

下四 生物武昌区、数学乙卷。

晚 物理选择、数学乙卷、生物五月联考

5.28 周六 10天

数学二轮资料重点、问题 ✓✗

英语试卷分析

化学试卷分析 ✓

生物武昌区选择题+试卷 ✓

物理模拟题选择+实验练习。

今天又下雨啦，然后身体还有些不适，状态很糟，又能怎么办呢？调节回来，然后努力吧。

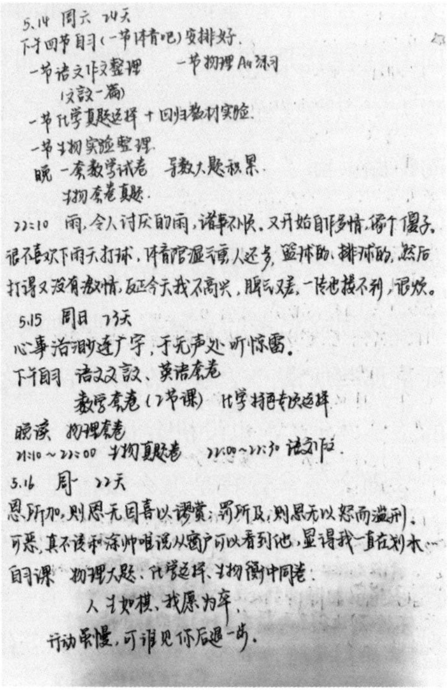
5.14 周六 24天

下午四节自习（一节体育吧）安排好。

一节语文作文整理 一节物理A4练习

（文段一篇）

一节化学真题选择+回归教材实验。

一节生物实验整理。

晚 一套数学试卷 导数大题积累

生物套卷真题。

22:10 雨，令人讨厌的雨，诸事不顺。又开始自作多情，像个傻子。很不喜欢下雨天打球，体育馆湿气重人还多，篮球的、排球的，然后打得又没有激情，反正今天我不高兴，眼気又差，一传也接不到，很烦。

5.15 周日 23天

心事浩渺连广宇，于无声处听惊雷。

下午自习 语文文段、英语套卷

数学套卷（2节课） 化学打包专项选择

晚读 物理套卷

21:10～22:00 生物真题卷 22:00～22:30 语文3A

5.16 周一 22天

恩所加，则思无因喜以谬赏；罚所及，则思无以怒而滥刑。

可恶，真不该和徐帅唱说从窗户可以看到他，显得我一直在划水……

自习课 物理大题、化学选择、生物衡中同卷。

人生如棋，我愿为卒。

行动虽慢，可谁见你后退一步。

毛维科同学高中的日记本，他把自己的每日计划写入了日记中

## 点 评

　　毛维科同学是一个思想非常活跃且有定力的学生。他在闲暇时喜欢阅读名著，寻求精神上的寄托和共鸣；喜欢打羽毛球和跑步，释放自己的身心；喜欢主动去攫取自己感兴趣的陌生事物。长期的沉淀使他做事比较有条理、有效率，渐渐形成了一套适用于自己的学习方式和方法。他用实际行动告诉我们，做自己认为有意义的事情很重要，但是能够合理规划时间，在保证自己学业的基础上再去做自己认为有意义的事情才是本事。高效的做事效率是让自己完成繁重的学业负担后还能全面成长的重要前提。高中三年，虽然遇到很多坎坷与荆棘，但他始终都能自信而顽强地面对。人生贵在有追求，哪怕脚下路悠悠。

（吴谱胜老师）

# 高中学习心得

## ——被评为"学习标兵"，有三个关键词对我影响最大

黄冈中学 2022 届高三（8）班／陈烨豪

**档案资料**

姓　　名：陈烨豪

院校专业：清华大学为先书院（专业暂未定）

爱　　好：羽毛球

座 右 铭：他人的眼睛是我们的监狱，他人的思想是我们的牢笼

获奖情况：黄冈市学生标兵、黄冈中学学习标兵

## 一、总体学习感悟

放眼整个高中学习生活，有三个关键词对我帮助最大。

### 1. 关键词：专心

这包括两个方面：平时上课以及测验。

对于平时上课，"专心听课，跟好老师的节奏"恐怕是老生常谈，我对大家的建议也一样，也有些不一样。就我个人而言，我是存在"道理都懂，但就是不做"的问题的。下面我就重点谈谈自己通过调整做法来贯彻这个方针的过程。在一开始，我认为有的课堂密度太低，于是会"半脱离课堂"而拉开两条战线，一边听课，一边做作业或是刷题。这显然是一种愚蠢的做法：课堂上强调的易错点我会遗漏，并且听讲时自己做题的效率也会受影响，两边不讨好。于是我转变了策略：唯一的目标是解决问题，唯一的态度就是专心。专心跟好

老师的思路，同步思考、超前思考，并在课堂上得到即时反馈，对自己感觉有问题的地方重点标记。这是我心中一种理想的状态，对我的进步也起到了极大作用。由此可见，"专心听课，跟好老师的节奏"对时间充裕下的学习是绝对适配的。然而在高三下学期，我发现自己的问题已经不在课内了。举一个例子，我在物理中出现的主要问题是加减乘除的运算，而物理原理和分析能力已经不存在问题了，于是我在后期的物理课上采取了一种更加有效的办法：判断课堂的题目是否运算复杂，然后立即做出选择：要么跟着节奏做题，要么完全脱离去找寻解决问题的办法，绝不拖泥带水。这种对待课堂的态度取决于我对自己状况的了解程度：我知道我的问题所在，我才能正确做出取舍；只有专注于手头的唯一的事情，我才能进入学习的理想状态。

测验方面，我认为我的做法简单且有效：专心眼下。在高三的冲刺阶段，我已经能保证在考场上拿到我能力范围内的所有分数：我能保证把自我能力最大程度地体现出来。这需要专注力，而专注力来源于平时的训练：冥想就是我采用的一个比较有效的办法。具体操作方法是：闭上眼睛，全心关注呼吸或者身体的其他知觉，持续 5 分钟左右。这样的练习可以说是保证考试进入状态的关键。具体原理就是让大脑处理信息的部分齐心协力做好一件事，有了这个作为基础，调动大脑专心学习就不是难事了。

### 2. 关键词：行动

这主要是针对"道理都懂，就是做不到"的问题。以下是我高考之后才看到的书中所提供的解决方案，我认为对高中阶段是有极大帮助的。

首先，要改变一个观念：长期的行动力并不是源于自制力，而是依靠自身的正反馈调节变化，即最初的选择决定行为增强的方向。这意味着一开始做有意义的事，之后就会不自觉地持续下去，而开始的娱乐行为则会导致陷入娱乐的深渊。

其次，在知道这件事之后，我们还要珍惜每天起床时的宝贵精力，不要让早上宝贵的时光在浑浑噩噩中溜走。

最后，想让自己的执行力克服惰性，最重要的一步是具体化。第一步：在睡前写好第二天计划要做的事情以及预期时间段。第二步：起床之后按照任务顺序执行，并写下实际时间段。第三步：最后审视这一天的经过，对比计划与实施，并写下自己对这一天时间利用效率的反思。大脑的本能是偏好清晰而排斥不确定性的，所以如果没有一个明确的方向的话，很容易就陷入碌碌无为的怪圈。

### 3. 关键词：心态

我认为我在高考中取得成功的最大因素就是心态。

心态的建设并非一朝一夕就能成功的。在我看来，最理想的心态有几种表现形式：在逆境中前进，在失败后反思，在荣誉前谦虚，在考试中专注。这是对目前精神内耗和情绪焦虑的同学的忠告，毕竟我也曾长时间处在良好心态的对立面，活得相当痛苦。具体实现方法有以下几个。

（1）坚定信念。成就的取得并不能立竿见影，努力不见成效并不是说努力无效，而是说你的努力还处于从量变到质变的过程中。明确这一点后，面对挫折与打击之时，你就可以坦然地接受，并且保持稳定持续的行进姿态。

（2）转化痛苦。从落后到奋起，必定会面对挫折和磨难，如何看待它们是一堂必修课。举个例子，对待考试中的失误，自怨自艾是最不可取的。不如换个角度看：这个失误恰好体现了一些问题，这能为我指明提升方向，幸亏这是在高考前出现的问题。正是因为有这种转移注意力的方法，我才能在高考前一直保持进步态势，最终在高考中发挥出最高水平。

（3）关注现在。过去无法挽回，未来不可预料，我们唯一能够把握的只有现在。因此，无论过去是辉煌还是灰暗，这都不会影响你在未来的发展。明确这一点，你或许就能专注于当下，从而从现在开始走好自己的人生之路。

（4）注重知识。高中难免比较，但在我看来过多的比较会影响专注学习的能力。我认为最好的状态是以知识的掌握程度为目标，这样才更容易沉浸于学习。如果与他人比较作息、成绩、做题节奏而扰乱了自己的固有习惯，就得不偿失了。

以上就是我对高中学习的整体感悟。

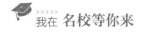

# 二、各科学习心得

## 1. 语文学习

我认为语文学习的关键分为两方面：骨架和筋肉。

骨架指的是所谓的"学习框架"。在一开始就要把学习的大体框架建构出来，以后的学习才能有一个基本的方针。

以下是我在高三之初参考各种资料所总结出的大致框架。我对语文学习框架的第一级分为作文、信息类文本、文学类文本、古文、语言文字运用几个方面。作文之下又细分出作文结构、审题立意、作文素材；信息类文本下又分出论点、论据、论证，论证又分为论证方法、论证思路、论证语言。其余就不再详述了，整理框架这件事需要自己来。

框架初步构建出来以后，筋肉就可以向里面添加了。框架是干瘪的，有了具体的实例才能真正地鲜活起来。实例源于哪里呢？主要来源就是平时的练习和考试题。这些题目主要有两个作用：一是完善框架，二是补充每一个细目的实例。这样知识就实现了体系化，无论是分类看还是整体看，都会让心里有个底。

除此之外，平时的积累工作该怎么做呢？具体包括几个方面：框架的熟悉与运用、练字、积累素材、古文字的阅读。

首要任务是要熟悉框架，这就需要平时多看。

练字需要注意限时，以考场状态练习。

素材的来源无处不在，可以是素材书、考试题、央视文艺类节目等（我强烈建议整合素材，具体方法是套用模板，用自己的话总结素材并写成排比句。这样不仅锻炼了遣词造句的能力，还能让我们在考场上节省时间）。

古文字阅读的材料来源有课文、考试和课外材料。我建议重点关注前两个，具体方法是：快速阅读原文，标出不会的字词；查阅字词；再读一遍，以此类推。过一段时间再看一遍，关注自己标过的词是否还会。

无论什么方法，最重要的是行动。知而不行，只是未知。唯有在真正的行动中，我们才能真正地发现较为适合的方法。整日寻找好的方法却无所行动的话，很容易陷入无谓的焦虑。

### 2. 数学学习

数学是一门很灵活的学科，我从学习与应试两方面来讲。

其一是学习。

首先要理解定义，只有理解各种各样的定义才可以熟练运用，不要一上来就做题，明白"什么是什么"更重要。假如现在让你回想一下导数的定义是什么，你是否能想起来？定义类似于根基，基础不牢，地动山摇，一味做题最后只会陷入迷茫。

其次要做不同类型的题，而非盲目做题。每一个知识点都有对应的题目，我们需要知道的是这个知识点对应什么类型的题，譬如导数，在证明题中，它往往涉及两个类型：不等式问题、零点问题。其中不等式问题又可以细分为利用导数证明不等式、不等式成立求参数、极值点偏移……我们在做题的时候要清楚地认识到自己做的是哪种类型的题，并且要能据此发现自己不会做哪种题型，从而有针对性地刷题。

最后要总结方法。题目做多了自然会发现各式各样的方法，最重要的是能对症下药，即看见什么题就反应到用什么方法。要做到如此当然离不开总结。根据自己做过的题目来总结，可以在错题本上归纳出各种方法，每个方法下有相应类型的题目，以后遇到了再往上加，长此以往便能在考试时对症下药。

其二是应试。

就以 2022 年高考数学为例吧，大家都知道很难，我平时数学考 140 多分，高考也只考了 131 分，但这还是相对较好的成绩，我想这与我的应试技巧有关。

考前 5 分钟发卷，我大致浏览了一下，发现自己有很多不会做的题，于是做好了"舍弃局部、以大局为重"的方针。考试中，我放弃了第 8、第 16 题，选择填空用时 50 分钟左右，比平常测试多了一些，但相差不大。做大题时，第 18 题把我卡住了，于是我果断跳过，并且平稳地做完了第 19 到第 21 题。第 22 题第二问，我完全没有思路，就回头开始看跳过的选择填空和第 18

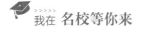

题。第18题我又想起来怎么做了，就赶紧写了过程。考试交卷，我放下笔，心中很坦然。我已经尽力发挥了，没有遗憾。这也是我在后来几场考试中能保持较好状态的原因。放过了这么多题，怎么还能保持淡定的呢？这是因为在之前的考试中，我们也做过类似的难题，所以我面对整套难题会自动把心理预期放低，只要求自己做好会做的题。这可能会让你失去一些花时间挑战难题的勇气，但会多一份以大局为重的智慧。

### 3. 英语学习

我认为英语学习关键在于提高上课的密度。只是干坐着听课是无法提高上课密度的，这样很可能出现一种情况：上课听得无聊，下课回忆不起来。我提升上课密度的具体方法如下。

（1）准备一个笔记本和两种颜色的笔。

（2）上课时紧跟老师思路，用黑笔从左上角按顺时针方向记老师认为重要的字词、短语，用蓝笔从右下角按逆时针方向记影响自己考试得分的、自己似会非会的字词和短语。

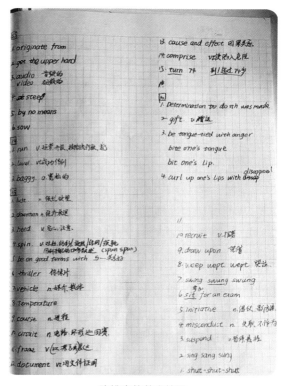

陈烨豪的英文笔记

（3）课下找时间回顾，时常翻看笔记本。我在高考前复习英语最重要的凭借就是我的笔记本。翻看时的优先级：蓝笔＞黑笔。最后复习的时候，我甚至只把笔记本中的蓝笔部分翻看了一遍，在高考中就有从容淡定的感觉了。

### 4. 物理学习

物理的学习方法其实和数学有一点类似，在此不再赘述。但我想说一下我的物理查漏补缺工作。在高三阶段，我在物理方面做的查漏补缺工作主要有两个：一个是习惯，另一个是计算。

习惯方面，我一直存在"感性认知"的毛病。这主要体现在几个方面：不画出受力分析就做题，没有理论依据就下定论，动摩擦力和静摩擦力共存，极限情况判断不准确……这是我的两大失分点之一。我解决这个问题的办法也很简单粗暴：把出的问题写在物理笔记本的封皮上，出同类问题就在后面画正字统计。用这种方法，我的物理笔记本变得"千疮百孔"，我的习惯问题也得以逐步改善。

计算方面，我很容易犯低级的错误。我解决计算问题的方法有两个。

（1）重做错题本。我想大家肯定也会这样做，但我想说的是每次重做要捂住答案，让自己再复盘一遍解题过程，特别是计算，不要觉得知道思路就行，只有算一遍才能起作用。

（2）优化方法。一个是代数计算的方法。我这一年来总结出的经验是"专注"。专心写公式，专心化简，专心计算。一步一步写，不要跨步口算，这样会增加大脑的负担。另一个是选择原理的方法。要在做错题本的过程中对各种方法进行比较，这样才能找到解决问题的更好路径。

### 5. 化学学习

我的高中化学经历了起起伏伏的过程，而最终能取得良好成绩的关键有三个：知识积累、题型总结和易错辨析。

（1）知识积累。对我而言，知识积累有两方面：选择题中对陌生选项的整理、有机大题中对陌生反应的整理，因为我经常在这两个部分出问题。对选择题中的陌生选项可以在错题本中分类整理；对有机大题的陌生反应既可以见一个理解一个，也可以找一些资料或视频集中突破一下。这方面突破没有太大难度，能坚持整理就好。

（2）题型总结。这是我在高考前最后七天所做的事。我根据最近做的七八套卷子和高考题，把五个大题的考点都总结了。当然，如果有时间的话，选择题也能这么来。每一个空都要找到考点，这样内心会少一分做题的畏惧。

（3）易错辨析。化学容易出一些"一眼假"而实际相反的情况。对这种情况，我归结为细节观察，在各种题型旁边都写上了我犯过错的细节点。这对我考试的帮助是非常大的。在我看来，化学的提分绝对是有迹可循的。如果能坚持在化学上正确用力，结果一定不会差。

### 6. 生物学习

我的生物之所以能获得比较理想的分数，我认为主要是因为我的知识体系化做得比较到位。据我观察，每个同学几乎都通过疯狂做生物题来提高生物成绩。但我没有参照他人的做法，因为我认为把做过的题目知识纳入自己的体系其实是更重要的工作。我构建了生物的初步框架，每册课本的每个章节下都分为"基础概念""原因题""补充信息""深挖课本"等几部分。之后的学习就是把自己出过问题的知识点填入相应的细目中，这和语文的学习方法类似，但更具有整体的把握感。当时别人在刷题，我没有盲从，而是专注于对已有体系的完善，我认为这就是我能学好生物的关键所在。刷题就好像割麦子，而整理才是真正将颗粒归仓，是将知识点内化为能力的关键。

以上就是我的全部学习心得，希望能对大家有所帮助。

## 点　评

陈烨豪同学身上的一大特质就是：处于逆境而沉着，认清问题勤改进。高三一年，有十余次大考，他没有一次考到自认为最理想的成绩，但他始终没有降低自己的学业标准，抓紧时间去拼搏；针对一些学科的成绩起起伏伏，他不断地分析问题，找准自身知识体系的不足和漏洞，在有限的时间内精准用力；发现一些学科的成绩长期是短板，没有突破，他便带着自己的问题和想法找老师求教，或者观察身边值得他学习的同学的学法，结合自身的学习特点，改进自己的学习方式。最终，他在高考中他达成了自己的目标，实现了自己的愿望。他用实际行动告诉其他学子：遇到困难不要做无谓的精神内耗，会休息和会学习才是王道。

（吴谱胜老师）

# 一个竞赛生的高中学习经历
## ——勇攀化学奥林匹克的高峰

黄冈中学 2022 届高三（9）班 / 刘远扬

**档案资料**

姓　　名：刘远扬

院校专业：北京大学 2022 级化学与分子工程学院

爱　　好：篮球、足球、电影、美剧

座 右 铭：理想和行动要结合起来，只说不行，要紧的是做

获奖情况：第 34 届中国化学奥林匹克（初赛）中，获得

湖北省赛区一等奖；第 35 届中国化学奥林匹克

（初赛）中，获得湖北省赛区一等奖；第 35 届中国化学奥林匹克（决赛）

中，获得决赛二等奖（银牌）

转眼我从黄高毕业已半年多，并在燕园度过了一个疫情笼罩的学期。我现在时常想起在黄高学习的点点滴滴，黄高教会了我很多，也让我从稚嫩未脱逐渐走向成熟。我的高中三年一路走得很不平凡，在这里和学弟、学妹们分享一下高中三年来我的学习历程以及领悟的一些学习方法和心得。

## 一、预录 & 高一：萌芽与成长

高一，同学们刚进入新环境，心里充满了期待与好奇。这样的状态是积极向上的，但也面临着学习深度与难度的台阶跨越。我在进入新环境时希望先尽量融于其中，这样能保证我有一个良好的心理状态，为集中注意力去学习奠定基础。高一的学习气氛和学习压力相对较小，我乐于参加体育活动并结识了一帮好朋友，分到了竞赛班后开始了我的竞赛生涯。

竞赛学习相比于高考课，难度和跨度更大，学习时间更长，老师安排了大量时间自习。在学习初期遇到的大学化学内容让我产生了畏难心理:"这个太难了,先看另一个吧……这个看起来好复杂,再看下一个吧。"走马观花般地看书使我只看到了一些词汇,却难以理解它的内涵。当遇到难点时我们需要深度思考。高一阶段时间相对充裕,我们可以与同学探讨问题,可以请教老师。总之,思考和钻研真的能帮助我们获得一些对知识和题目的独到见解。

高一学习成绩波动是非常正常的事情,一般来说,只要适应了高中老师的讲课方式、掌握了高中知识的学习方法,成绩就会逐步上升并趋于稳定的。高一是衔接初高阶段的一年,打好基础十分重要。我在竞赛学习时十分吃力,有几次因测试不理想,一度让我产生了退组的想法,但毅力和坚持证明了付出是有回报的。高一面临考试成绩不理想等挫折时,要多参加课余活动释放压力,放空自己,也可以找同学、老师和父母倾诉,但一定不要自怨自艾,以免陷入自暴自弃的旋涡。

## 二、高二:打击、沉默与压力

由于疫情,高一下学期是在家里度过的。那段时间我的学习效果很差,特别是自习时间相当漫长的竞赛部分(有机化学)几乎成了未来我的最大短板之一。两个月的暑假里我狂补有机,度过了相对充实的一个暑假。9月的初赛我拿了一等奖,这也让我坚定了留在化学组的信心,但是有机部分的薄弱暴露在了11月外出培训的考试中。决赛难度的有机让我几乎无从下笔,我真的很受打击,也很难过。一方面我后悔高一下学期过度放松,一方面感觉自己还没开窍。这样从"0"到"1"的学习过程是漫长而痛苦的。那段时间,我不想与他人交流,总是把自己的思想封闭起来,脑子里一遍一遍重复着对过去的审判,播放着对未来的迷茫。

高二时目标不明确,既没有高一时的雄心壮志,也没有面临高考的紧迫感,是一个容易出现动荡和茫然的时期。不少同学一旦遇到挫折,特别是考试中受到打击,就会自我怀疑,产生焦虑。你可能幻想过自己飞黄腾达,也可能思考过高考失利该怎么办,但是高二最重要的是脚踏实地地学习,不要让胡思乱想占据了大脑，好好地把握宝贵的时间才能更好地支配自己的未来。

竞赛生的高二也如同高三一样紧张。临近第二次初赛时，是我最后的机会。最终我把握住了这难得的机会，进入了湖北省省队。在出分数的那天，我真的感觉到一切付出都是值得的。

## 三、高三：破茧成蝶的一年

高三是每个人人生中不可或缺的一部分，是人生中一道独特的风景线。其实，我认为这一阶段更是一种历练，不仅是对知识和应试能力的考验，也是对抗压能力、心态、自我调节能力的一种考验。

如今，我步入北大已有半年时间，离那场"生死之战"也过去了大半年。我渐渐习惯了大学生活，但是依旧怀念高中的那种感觉。回首自己的高三时光，既有看不见未来时的彷徨迷惑与伤感无措，也有憧憬未来美好大学生活时的幸福感与满足感；既有成绩不如意时的自暴自弃，当然也有"我自横刀向天笑"的冲动。不管怎么样，高三的生活让我学到了很多东西，不仅是课本上的知识，更多的是一种人生态度。

高二整年的竞赛学习让我的高考学业荒废了许多，高三我便计划着要重新捡起高考常规课的知识。第一次数学周测，我甚至只考了50分，经历高三一轮复习和一次次周测考试，数学还是时常有不及格的情况，语文也出现过不及格的情况，这时我才意识到我似乎与高考学习脱轨了，一想到还有漫长难捱的一年，以及一年后的高考，内心就难以平静。

高三经历了无数大大小小的考试，每月一次大考，周周有每科的小考，让我最后都有了一种麻木的感觉，也许这种麻木的感觉才是最好的高考状态。答题时能驾轻就熟，这不正是我们想要的吗？题海战术当然不值得提倡，但是我觉得高三就是从量变到质变的一个过程。确实，一、二、三轮的复习模式比较枯燥，但是我们又不得不承认这是最行之有效的方法。通过一遍一遍的复习，自己的知识体系不断得到巩固，对很多以前不明白的东西会马上豁然开朗，我想也许这就是一种学习的乐趣吧。付出是有回报的。一模、二模我的进步很

大，都进入了前一百名，我的数学也成为除化学外我最有自信的学科。最后，高考各科基本都取得了令我满意的成绩。

## 四、给学弟、学妹们备战高考的建议

### 1. 注意休息

高三的每一天，很多同学会学习到很晚才睡觉，对此我不敢苟同。身体是革命的本钱。我在疲劳时不会勉强自己去学习，我相信"效率 × 时间 = 学习效果"，熬夜去做作业不一定有效果。熬夜最好量力而行，要保证白天学习时自己是精力充沛的。

### 2. 不畏挫折，积极化解负面情绪

高三会面临这样那样的问题，一定不能自暴自弃。考试考差时少注意分数，多注意问题，要知道高考才是终点站，所有的模拟都是为高考服务的。我在出现厌学情绪时，会通过跑步、打篮球等方式释放压力。同时，遇到问题我也会积极与老师交流，老师都是很乐意与自己的学生交流的，这一点在数理化生等学科上尤为重要。新高考的生物与化学信息题很多，理解起来很有难度，与老师讨论问题可以解决自己心中的疑惑。

### 3. 要有敢考敢拼的精神

临近高考，知识结构和水平已基本定型，这个时候你不需要对自己能考上什么大学过分担心和紧张。因为你已经知道自己的水平了，也对可能的结果有自己的预期。因此，你要做的就是豁出去，尽力而为，管他结果如何，拼了再说。

## 五、结束语

种下希望，培育理想和未来；播洒汗水，浇灌梦想和成功；放松心态，缓

解挫折和压力；不懈追求，收获幸福和快乐。愿你考上理想的大学，祝你高考成功。

## 点　评

化学主教练谢老师曾开玩笑说，刘远扬同学是被我们劝进北大的。还记得 2021 年 9 月底，已经学了一年竞赛的刘远扬同学主动提出要退出化学竞赛。谢老师和我都觉得特别可惜，做了好长时间的工作，他才同意继续坚持竞赛。一件事在我们做决定之前可以犹犹豫豫，但一旦做了决定后，应义无反顾坚持到底。刘远扬同学虽然不像其他同学很早就想好了要学两年的竞赛，但当他做了第二年继续学习竞赛的决定后，一直很坚定走自己的化学竞赛之路，就算中间偶有挫折，也没有轻言放弃，这点其实很难得。刘远扬同学能主动发现自己不足的地方，在高考冲刺阶段，经常就自己知识薄弱的地方主动跟老师沟通交流，这些都为他铺平了去北大的道路。真心祝愿他的北大之旅精彩纷呈！

（李神斌老师）

# 不要把遗憾留给未来
## ——做好三年整体规划

黄冈中学 2022 届高三（9）班／马　晋

**档案资料**

**姓　　名：** 马　晋
**院校专业：** 北京大学 2022 级物理学院
**爱　　好：** 乒乓球、羽毛球、唱歌、听音乐
**座 右 铭：** 如果你因失去了太阳而流泪，那么你也将失去群
　　　　　　星了
**获奖情况：** 第 37 届全国中学生物理竞赛复赛中，获得湖北
　　　　　　省赛区二等奖；第 38 届全国中学生物理竞赛复赛中，获得湖北省赛区
　　　　　　一等奖；第 38 届全国中学生物理竞赛决赛中，获得决赛二等奖（银牌）

作为一名大学生回首高中三年时光，我不禁感叹：有一些道理懂的时候已经太迟，或者知道这些道理，却总是难以践行。等到践行的时候，很多事情都来不及了，就像已经在起跑线上落后了一大截的感觉。我希望就一些方面给出一些建议，并分享我的心路历程，我相信很多同学都有过相似的想法。

## 一、放弃自我怀疑与自责，以努力取而代之

步入高中，考试铺天盖地，而每个人自然都不愿意、也不能接受一个与自己的付出似乎不相符的不理想的分数。曾经的我，一考差就觉得天空黯淡，愁云满面，甚至连提笔都觉得重如千斤。到了晚上，我又觉得自己混过了一天，莫名的焦虑铺天盖地，形成了恶性循环。也许，内心会有些许正能量的声音在呼唤——"不能这样做，你得更努力一点"，但很快就被"努力有什么用，还不是考得这么差"的念头给覆盖了。又或者，同一道题，我之前能做出来，现

在却又做不出来了，就觉得自己好像变差了。有这样的想法无可非议，但是我们应该明白一点：一次考试，并不能证明我们的水平。我们也有过考得非常好的时候，只不过太多时候我们总是选择用下限来评价自己。对于他人，我们却不是用这种标准。有时我们需要转念去想一想：如他这么强，也有考差的时候，更何况我呢？或者偶尔用一用自嘲的方法："故天将降大任于是人也，必先苦其心志。"况且，我们早该明白，妄自菲薄对于变强没有任何意义，相反却让我们背上了沉重的包袱与压力。我们的命运时刻掌握在自己手上，不要被过眼的浮云蒙蔽了自己的眼睛。努力也许难以做到，但多一点努力，你会感到更加充实，而不是将一切蒙上阴影。

## 二、提前规划，未来总是未知的，拒绝摆烂

我们的未来总是充满了不确定性。比如，我们大学开班会时，老师曾举过样例：物理学院的惯例是出国人员占百分之三十，保研人员占百分之四十。可是由于疫情暴发，出国受到了阻滞，很多原本绩点非常靠前的同学选择了保研，这使得本来富余的保研名额大大缩减，因此很多本来稳操胜券的人被迫去外校。又如，我们在物理决赛的时候突然被告知禁止用修正带。

我想很多人可能会后悔：我本该努力一点的。是的，我们不能抱有侥幸心理得过且过，或以最低标准要求自己，而应该做好未来的规划，并尽力去实行。然而这并不是一件容易的事，比如上网课时，当手机与作业摆在你面前时，恐怕你大概率会先玩一会儿手机，玩着玩着就忘了时间，同时你还会想：再玩半小时或者明天我再努力。对于这些，你需要用目标约束自己，同时培养一些潜意识，如玩手机的快乐只是暂时的，多了就会空虚。总之，诸如此类的激励能让我们更加专注于自己要做的事，而不会摆烂与躺平。

## 三、不要把自己和别人比，走自己的路，让别人说去吧

把自己和别人相比，首先，这很累；其次，当你将同学关系仅仅简化为竞

争对手时，生活便缺少了许多乐趣。同学关系应该更多地体现在相互鼓励与帮助。等到了大学，你会发现，教室不再固定，很多人会感到孤独，尤其是社恐的人，而到这个时候，你才会发现经过中学三年积淀的友情弥足珍贵。同时，你或多或少地被迫卷入与他人的比较中，更是常因为做错了一些事情感到尴尬。例如，有一道题目老师多次强调，你还是做错了，然后被老师叫起来罚站。对于很多自尊心强的学生来说，可能难以接受。我也是，我也害怕社死。但是后来我明白了：没有人会整天去盯着你的错误，即使有，那也是你自己。比如说，你觉得一年之后，还会有多少人记得这件事？一笑而过即可（当然还是要自我反思的），不必因此而懊恼。

## 四、培养良好心态

这个非常重要，而且应该早点养成。其实，这也算是对不确定未来的一点规划吧。考场上的题目是未知的，当我们被一道题目卡住时，比起逾越题目的障碍，我们更应该在意怎么去逾越心理的障碍。又如，当在一道题上面已经卡了太长时间时，你总会感到食之无味而又弃之可惜。这个时候你往往会慌神，越是大考与重要的考试越容易出现这种情况。试想一下，你花了很长时间算出来的题，然后发现中间一步算错了，该是何等绝望。我曾在决赛中遇到过这种情况。那道题的分值是 60 分（决赛满分 300 分），是一道天体运动题。当时我急了 10 分钟左右，然后用颤抖的手开始修改，当然改得也很急，最后还是中间算错了，但直到把这道题改完，我的心率才恢复正常。又或者是很重要的一场考试，题目出得特别难。作为一个平时顺风顺水的人难免感到不适，而且还有一种错觉加成：我怎么感觉周围的人好像都做得挺轻松的？这也是这次高考许多数学很好的人都考差了的原因。在做高考试卷的时候，我最初也感到恐惧，毕竟一眼望过去，对很多题目都没有非常明确的思路。可将卷子翻来翻去几次后，我明白了这样一个道理：反正急也没用，急了结果也不会变好；既然已经知道了结果是坏的，还不如静下心来，能做一道是一道。就这样，我对一些题目慢慢有了思路。尤其是当我做出了一道难题后，我觉得试卷好像没有那么难了。总之，要对未来有所定义，当我们知道未来的时候，我们就没有那么急了。同时，我们可以有所寄托，比如虽然我经常"身处险境"，但我就是感觉我总能"绝境逢生"。想到这些后，我往往会感觉好很多。你还要明白，高考只是转折点，从来不能够主宰你的未来。高考确实重要，但从来都不是全部。

同时，我还想就我的高中三年做一个总结。首先，我上高中时常常会焦虑，或是对未来，或是对现在，也常体会漫漫长夜难以入眠的痛苦（尤其是明天有大型考试，就更痛苦、焦虑了），也许比起怨天尤人，感慨我要是怎么样就好了，不如找到焦虑的根源。其次，我们可能确实因为竞赛失去了很多，也可能没有取得自己理想的成绩，但这不能说明我们就是失败的。回头来看，很多在竞赛中养成的习惯都会潜移默化地保留下来，比如专注。同时，竞赛确实开阔了我们的视野。以化学平衡为例，反应物速率正比于反应物浓度乘积而生成物浓度正比于生成物浓度乘积，从而推出平衡常数的由来，虽然一般只用记个公式就够了，但还是会有一些惊喜的。最后，很多人内心压抑却总是默默闷在心里，或者自己明明没有听懂却不懂装懂，不愿意同任何人说，其实很多时候可以向老师去申明自己的处境，不要怕尴尬，将老师看成我们的学长就可以了。

最后，预祝大家大考大捷，逢考必过，圆梦清北！

## 点 评

简单、踏实、执着，这是马晋同学给我的总体感受。见到老师，他总会彬彬有礼地喊一声"老师好"。犹记得每次去查寝，当别的同学在打打闹闹、谈天说地的时候，他总是专注于他的学业。"因为相信，所以看见"是他高中奋斗历程的真实写照。在第一年只拿了省二等奖的时候，他没有放弃；在决赛发挥不佳的时候，他没有放弃；在高考物理发挥不佳的时候，他也没有放弃。或许中间也有苦恼的时候，也有迷茫的时候，但坚持下来，才发现原来梦想唾手可得。真诚祝愿马晋同学在北大这个平台成就更好的自己！

（李神斌老师）

# 正视自我，直面挑战

## ——老师换了、出师不利，我最终斩获金牌，圆梦北大

黄冈中学 2022 届高三（9）班／刘　涛

**档案资料**

**姓　　名：** 刘　涛
**院校专业：** 北京大学 2022 级化学与分子工程学院
**爱　　好：** 看书、羽毛球
**座 右 铭：** 逆风的方向，更适合飞翔
**获奖情况：** 第 34 届中国化学奥林匹克（初赛）中，获得湖北省赛区二等奖；第 35 届中国化学奥林匹克（初赛）中，获得湖北省赛区一等奖；第 35 届中国化学奥林匹克（决赛）中，获得决赛一等奖（金牌）

从黄冈中学毕业已有大半年了，但每当我漫步在大学校园中时，我就会恍然想起黄高的面容，想起送我来这所大学的母校。我感激黄冈中学，没有它，我达不到现在的高度。我至今还记得在大学第一次做自我介绍时，我谈到自己是毕业于黄冈中学时，班主任和同学讶然的神态："噢，黄冈中学啊！那是所百年老校！"当时我大受震撼，心中对母校的钦佩也不禁多了几分。至于我考到北京大学的经历，我个人认为是有部分偶然因素的，但我还是希望我的一些经验和教训能够给同学们一点帮助和启示。

## 一、竞赛阶段

谈到化学竞赛，我认为首先要找准自己的方向。如果我们适合学这门科目，并且对其感兴趣，有做下去的决心，那么我们可以毫不犹豫地进行下去。但是竞赛这个东西有时候并不是只靠兴趣，每个人的天赋决定了自身的发展。

这里我想给大家分享一下我的想法，其实我一开始选的并不是化学竞赛，而是物理竞赛。因为当时物理老师找过我很多次，我觉得过意不去，就想着学学试试，但是后来被分到了化学组。更离谱的是，当时拉我入伙的老师被调走了！我的处境就变得为难起来：别的同学大多认识这个新老师，我跟他却一点也不熟。碍于脸面，虽然有点想走，我还是决定学一段时间看看。后来我发现自己还可以，就决定留下来了。讲这个小插曲主要是想告诉大家，有时候我们一开始认定的东西可能并不适合我们。对我而言，如果我选的是物理，凭我那糟糕的计算能力，肯定在高二就被刷下去了。

其次，我们要学会抗压。因为我上高一时学得还可以，组内的考试也表现得不错，所以大家觉得我应该能拿一等奖。但是当一等奖的名单出来后，我前后看了四五遍，也没看见自己的名字，反倒是平时比较沉默的同学拿了一等奖。当时我真的是肝胆俱裂，五脏俱焚。反观周围和我来自同一个地区的同学，也都拿了二等奖，但是他们并没有表现出什么异样。后来筛选的时候，和我玩得好的同学溜了，但是我不甘心，认为自己还有机会，所以在老师询问我的意愿时，我毫不犹豫地选择留下来。当然了，当时只是高二，还有一年时间，所以我能不假思索地回答。真正难受的是高三初赛之后的日子：那段时间我的状态十分糟糕，初赛成绩出来了，考了十几名，省选的时候吃了电化学和有机化学的亏，排名又往后移了几位。最后一次考试是和同学一起去北京参加的金秋营，结果我又没考好，拿的是"良好"，同学拿的却是"优秀"。其实在这之前，我也参加过几次同类型考试，不过无一例外都是"良好"。结果这次还是"良好"，这导致在那之后我的心态爆炸。当时我就只有一个想法：别给我整个三等奖就可以。说实话，决赛那天我是超常发挥的。上午的试卷题量很大，但是我感觉很好，所以做的时候基本没怎么卡壳；但是下午因为没睡好导致大量失误，结果就还差一点，但是我已经很满足了：我当时想的是拿个二等奖就不错了，结果却是一等奖。说这个就是希望大家能有抗压的心态，不要遇到事就害怕。就拿不久前在IEM[①]卡托维兹站拿下《星际争霸2》全球总冠军

---

① 英特尔极限大师赛（Intel Extreme Masters，IEM），是第一个全球规模的电竞精英锦标赛。

的李培楠来讲，当他在半决赛被对手拿下两局时，当时所有人都认为没机会了，但是他扛住压力，实现了让二追三的奇迹。事后主持人采访他的时候，他回答道："我没想那么多，只是把每局都当作最后一局在打。"我想我们也需要这种精神，这种把每一次挑战都当作最后一次机会的精神。

最后，我想说的就是和同学们搞好关系了。我们组关系都还不错，大家有什么不会的问题都会互相讨论。竞赛并不像高考，老师给你规划好，你跟着学就可以了。竞赛需要你自己规划，今天学哪些，明天学哪些，都是需要自己考虑的。因此，我们不能闭门造车，要时不时地跟同学们沟通，看看他们的进度，然后好安排自己的进度。而且自己感到状态不是很好的时候，也可以跟同学聊一聊。说到底，我们不能做什么事都只靠自己，否则既容易疲倦，效率也往往不如与同学合作更高。

## 二、高考阶段

学完竞赛回来，我认为"调整、巩固、充实、提高"八字方针非常适合我们。

### 1. 调整

所谓调整，一是调整节奏，尽快适应高考生活；二是调整心态，尽早从竞赛的状态中恢复过来。常规课有很多考试，一开始肯定是考不好的，像我就是一回来就考试，结果 500+ 的分数直接给自己干沉默了。这都是正常的。我问过同宿舍的华师一附中同学，他说他们回来后也是人均 500+ 分，所以不要被几次考试压倒，正视自己的不足，然后加以改正就可以了。此外，还要收敛一些自己的个性。例如，答题的时候要注意，尤其是自己擅长的领域，还是要顺着出题人的意思，不要用别的同学没学过的知识解题，毕竟分数是自己的。另外还要注意多向老师请教，如刷哪类的题，之前没搞懂的也可以问问。总之，想办法恢复自己普通高中生的身份，这样可以帮我们更快脱离早期的焦虑阶段。

## 2. 巩固

在学过一段时间后，我们已经恢复了不少，这时需要巩固学过的东西，最有效的方式就是刷题。大家可能认为只有数学、物理这些理科需要刷题，但是我觉得英语可能也需要多做点题。最有效的应该是填词和完形填空，做多了之后，我们的"语感"会获得提高。我之前问过班里一个英语大佬，他说现在做完形就跟做填词一样，看到空就知道填什么词，一看选项，有就直接选，没有就选近义词，又快又准。至于语文，我没刷什么题，因为我的专注力不是很好，语文题里有些阅读，我看着看着就忘记做了。而且语文答题现在也有模板了，只需要在本子上记下来，每次练习的时候多用几次就熟悉了。还有个不错的选择是做改错本，这个东西我们老师一直强调，但是我不是很喜欢做。这个看个人情况吧，如果可以做得很好，当然有很大的帮助；如果不是很会做，做出来自己都不想看，还不如直接把原题搞懂，再找几个同类型的练练，效果会更好，不过要是某种题一直错的话，那还是得记下来。关于改错本的内容，我觉得应该选典型的而不是偏僻的，具体的而不是抽象的题。如果某个题一看就是展示出题人水平的，老师讲了也半清不楚的，这种题就没必要记，放过它，也放过自己；可以记一些老师经常强调或自己经常做错的题，争取下次不做错，这才是改错本的目的。

## 3. 充实

巩固了学过的知识后，我们可以适当拓宽自己的视野，这样我们在遇到新颖的题型时就会少点慌张。此外，还要学会举一反三。当我们做到某个新题时，可以想着改改条件，改改情境，说不定就会发现所谓新题其实是练过的类型，不过是新瓶装的旧酒。平时多做些准备，那我们在考试的时候就会轻松很多。除了充实题库，还可以想办法充实一下自己的精神。长时间高强度的学习容易感到空虚，像我，题做多了，人就容易发呆。不知道其他学校是怎样的，我们学校会定期发一些时文，我觉得挺好的，既能长见识，还能丰富学习生活。其实这样做无非是使自己尽量保持一点新鲜感，别厌学就可以了。

### 4. 提高

做好了前面的步骤，提高是显而易见的事情。我刚开始从竞赛回来考 500+ 分，学了四个多月后也能有 600+ 分了，距离实现目标也越来越近，所以说提高是结果。只要我们脚踏实地，按老师的安排完成自己的学习任务，平时不偷懒，考场不紧张，实现梦想完全是有可能的。

说了这么多，感觉就像市面上的成功学一样，其实我只是想向大家分享一下我的经历。我出生于农村，所以一直有些自卑，如果不是高一的时候教练拉我入伙，我根本就没想过考什么北大，当时想着考个普通点的学校就可以了。希望大家也能和我一样，敢于做梦，并且不放弃追梦，最后结果肯定不会差的。

---

## 点  评

"胜，不妄喜；败，不遑馁；胸有激雷而面如平湖者，可拜上将军！"这就是刘涛同学给我的感觉。或许他不是那种在人群中一眼就能被发现的人，但通过高中三年的接触，他一定是能够让老师最放心的人。稳重、踏实是其一贯的作风，也正因为刘涛同学这种内在的淡定，他才能够脱颖而出，成为 2022 届化学组第一年只拿了省二等奖，但第二年拿到全国决赛金牌的第一人。这也让他在最后冲刺阶段不受数学成绩不稳定的干扰，高考出色发挥，圆梦北大。真心祝愿他在今后的学习和生活中越来越棒！

（李神斌老师）

# 我的高三生活
## ——小学时排名中等偏下，用勤奋圆梦北京大学

黄冈中学 2022 届高三（9）班 / 李傲挺

**档案资料**

姓　　名：李傲挺

院校专业：北京大学 2022 级物理学院

爱　　好：乒乓球、象棋

座 右 铭：不必存在失败的颓伤与彷徨，只要你努力争取，便会走出那黑暗的低谷

获奖情况：第 37 届全国中学生物理竞赛复赛中，获得湖北省赛区一等奖；第 38 届全国中学生物理竞赛复赛中，获得湖北省赛区一等奖；第 38 届全国中学生物理竞赛决赛中，获得决赛二等奖（银牌）

同学们，以下是我的个人总结，仅代表我个人的一些观点。

## 一、我的高三体会

到了高三，说实在的，若把握得好，高考是可以有一个质的飞跃的。

首先，阐明一个误区，资料买来不一定都要做完，但是对于自己不熟悉的板块，一定要多加训练。到了高三，有不熟悉的知识板块是很正常的现象，没必要慌张。但是，一定要直面自己的问题，知道自己哪里不熟悉就做相应的训练，比如英语阅读错得多，就一定要多做英语阅读，而不是想着等到复习过了后再进行自己的突破。拖延其实是自己的一种惰性，你现在知道自己这个地方有问题，现在就找资料做对应板块，而不是想着等到以后再做，实在解决不了的，相信老师办公室的大门永远向你无偿敞开。知识点一定要一个一个突破，而不是想着每天重复地刷综合卷。个人并不提倡这种行为，你刷的题中如果有

很多是你会的，虽然可能会做得比较爽，正确率很高，但其实效率是偏低的，只是给自己一种心理安慰罢了。

其次，一定要有规划、有目标，这是高三最重要的一点。

这里的规划不只是高三整体的规划，还包括对每个学科复习的规划。并且，你需要树立一个符合自己能力的目标分，并定位到每一科上，这样才能找到自己不足的科目，从而方便自己做规划。

第一，找到自己最好提分的学科。

我在高三的时候，语文、英语基础都非常薄弱，甚至数学到后期其实也不是很理想。首先，我认为英语是我最好提分的科目（当时其实就是纯感觉，就是觉得语文太难了，我十几年都没学明白，高考前几个月与其赌我能悟语文，不如好好搞搞英语）。我高三的详细计划是，首先把物理、数学在尽可能短的时间内复习一遍，其次是化学、生物，然后是英语，最后是语文。作为一个物理竞赛生，回归高考仅有六个月时间，不可能把每一科都做到极致（虽然有人确实可以做到，但这种人可能已经超出我的理解范围了，反正我不行），这种时候你需要思考的是在短时间内怎么提分最多，而不是盲目地去搞自己的薄弱科目，如果把大量时间花在语文上，反而会导致数学、物理掉下去，那就得不偿失了。

第二，一定要摆正自己的心态和学习态度。

心态上，自信是最重要的。你没必要相信"哪次考试的分数就是高考的分数"这类的说法，因为这基本上就是老师希望你们好好考或者同学听来的小道消息而已，高考前一定没有任何方法预测你的高考成绩。最简单的一个道理，你怎么知道高考出题人会不会把卷子突然又出得比较难呢？

学习态度上，主要就是要比较投入地学习。对于这点，主要是高考的时候，当你投入做题时，你就可以以一种较好的状态应对高考，所以投入做题也是高考时解决心态问题的较好方法。

## 二、我的各学科学习方法和感悟

学好语文主要靠积累。这里特别建议语文、英语各准备一本积累本。对于语文，可以把古诗文中的生字、作文上比较好的句子等记录在本子上。对于语文选择题，要多做题，其中有共通的点，做多了就能发现；古诗文主要靠平时积累；阅读基本就是一些常见题型的变式；作文最重要的就是不要跑题，然后用上平时积累的好词好句。这基本就是我自己总结的语文做题方法。

英语的积累尤为重要。首先你要分析自己的英语试卷，看哪种题型错得多。如果都错得多，要么就是你定了一个不符合你实力的目标，要么就是陌生单词太多，看不懂选项。对后者推荐先猜测是什么意思，然后再查字典验证，这样记忆更深刻。如果是某种题型错的多，不管哪种题型，你都要重复训练，一般是可以有所提升的。听力有问题可能是自己发音不标准，自己平时说的和听力说的不一样，导致你没听出来说的是什么。解决方法是早自习大声读书，不用不好意思，在读书的一般听不清，不在读书的一般精神上已经进入了半恍惚的状态（别问我怎么知道的，懂的都懂），所以基本没什么人会听你读的东西。阅读不会基本上是翻译时出了问题，要么单词不认识，要么句子太长看不懂，对前者需要多查字典，对后者就要找老师。你要相信，到了高三后期，如果你有比较大的问题却不找老师，老师就会请你去办公室"喝茶"（至少我们班英语老师是这样的），所以从结果上看二者的区别并不大，不如自己主动去找老师。语法填空比较常见的问题就是单词变式没记清楚，比如记错字母，或者是语法不会。对前者需要自己积累，对后者还是找老师，不过可以等老师讲了再找。作文就是积累了，把几句比较好的并且通用的句子搬上去，一般分就不会太低了。归根结底，英语就是查字典、积累本、找老师三种方法。

对于数学、物理，一般要找对应练习做强化训练。不要觉得一本资料书没做完很可惜，实际上只要你把自己不会的内容做完了，那本书也就物尽其用了。除此之外，错题本也是比较好的方法。但你要明白一点，对前者可以理解为刷十道题让你学会这种类型的，而对后者则是刷三道，然后从这三道里面进行总结，意味着你需要从里面找到你所需要的知识点，这是有一定难度的。不管哪种方法，都需要你最终掌握这个知识点。最好的方法是，从平时的错题中总结出一般做法，然后再找到相应练习进行巩固训练；一味盲目刷题和盲目贴题都是收效甚微的。

对于化学、生物，这种就有点理科和文科结合的感觉了。你需要用课本上的知识点来做题，但又会有一定的拓展。所以说，对于这两科，课本都是基础，需要牢记课本上的知识点，然后在此基础上进行对应的强化训练，一定不能本末倒置了。

到了高考前一个月左右，这个时候就要分清主次了，自己的状态是最重要的，中午和晚上的睡眠都需要保证。一定不要觉得睡觉有负罪感，自习课睡觉才真的应该有负罪感。因此，调整状态，让自己在高考的时候发挥出最佳状态是很重要的。

到了高考的时候，一定要学会应变。卷子有可能会很难或者很简单，这个时候你就不要想着自己的目标分了，切忌两点：一点是觉得卷子很难自己会考不好，另一点是觉得卷子很简单就不能拉分了。摆平心态，迎接下一场考试才是最重要的。举个例子，我们这届数学比较难，但事后发现大部分人把物理考炸了，因为数学考完后，英语比较简单，所以物理碰到难一点的心态就难以承受，导致物理最后没考好。结果考完才发现，数学大家都只有那么点分，但心态好的同学，物理分就要高一些。因此，不管用什么方法，在高考的那几天一定要学会平稳自己的心态。

以上就是我自己的学习方法。到了高三没有最好的学习方法，只有最合适的学习方法。老师平时说的是最通用的方法，我说的也只是比较适合我自己的方法，毕竟找到适合自己的才是最重要的方法。但不管是什么方法，都应以学习为主，如果为了找方法而耗费大量时间，就是舍本逐末了。

## 点 评

李傲挺，一个小学在班上中游偏下的学生，到了初中竟然顿悟，通过预录考上了黄冈中学，又通过物理竞赛被北京大学录取。三年下来，他的竞赛之路在外人看来一直走得比较顺利：第一年获得省一等奖，第二年获得全国决赛银牌，第三年被北大录取。那么李傲挺同学有什么过人之处呢？善良、热心、有正义感是他的优秀品质。当发现同学忘了擦黑板的时候，他主动地去帮同学擦黑板；当有人故意在班上通过打击他人来获得成就感时，他会挺身而出，与之针锋相对。听从老师的建议并严格执行是他学习的最大法宝。他的语文基础比较薄弱，在高考冲刺阶段，他是唯一一个按语文老师建议每次把作文写两遍的学生。祝愿他在北大带着赤子的骄傲，继续奔跑！

（李神斌老师）

# 偏文理科生的破局之路
## ——理科思维能力一般，我靠双语双"140"考进北大

黄冈中学 2022 届高三（11）班 / 黄舒程

**档案资料**

姓　　名：黄舒程

院校专业：北京大学法学专业

爱　　好：唱歌、排球

座 右 铭：一个人至少拥有一个梦想，有一个理由去坚强。
心若没有栖息的地方，到哪里都是在流浪

## 一、前言

前些时候是期中季，安排比较满，母校班主任突然来电约稿，本想拒绝，但是老师再三劝说，便答应下来。也是在老师的游说下，我知道了自己的经历的典型性和特殊性，于是坐在书桌前写下这些文字。也许大家也像曾经的我一样，对于任何一个过来人的说教都十分厌烦，但是我还是希望能够将我的一些真实的想法分享出来。

首先做个自我介绍吧，我叫黄舒程，来自湖北省黄冈中学，高中时期选择的学科组合是物生地，是普通实验班的一名普通学生。可能大家不太明白，都考上了北大为什么还说自己是普通学生？约稿要求中要求写一个信息卡，包括一项自己的获奖情况，我的回答是"无"。的的确确也没有获得过什么奖，因为我没有参与竞赛，没有参与强基计划，也没有什么特别的才艺特长。高中三年，高考之前我考过最高的一次排名是年级十三，最低的一次应该是年级二百

名左右，整个高三，我大致稳定在四十到八十名这个区间。整个高中，在高三之前我甚至连一次年级前四十都没进过（年级前四十会有带照光荣榜，我们称之为"封神榜"）。而除去加分的竞赛生，想要进入清北至少需要年级前五。可想而知，在高考出成绩之后，我的内心有多么难以平复，我把我高中最好的状态留在了高考，也是这次爆棚的状态让我能够有幸进入博雅自由的北大继续学业。但是一直以来我从没有将清北视作自己的目标，理想需要敢想，但是目标却要合乎实际，在当时的我看来，能考到像南京大学、同济大学这样的大学就已经是我的天花板了。为什么我要起一个"偏文理科生"的标题呢？因为这次高考的成功得益于我文科科目的超常发挥。我的高考分数是 679 分，在湖北省排在七十名左右，处于清北梯队的后半部分，也算是踩线进入北大的幸运儿了。我清楚地知道，没有双语 140 以上的底座，我不可能有这个成为 underdog（下狗，指不被看好后逆袭的人）的机会。想到这些，我决定答应老师的约稿，但是世间没有同一条适合你的道路，我只谈我的个体经验：讲一讲我作为一个偏文科思维却选了物理的普通实验班学生的经历和感悟，讲一讲我作为一个普通理科班学生的破局之路。

## 二、初入高中

心境很重要。黄冈中学是黄冈地区的教育高地，在整个湖北也是可以叫上名字的学校。刚进入学校之后，在思想上经历的洗礼是比较大的，最明显的变化是心境上的变化。但是心境变化之后呢？落差感、失去掌控的感觉、脱序感都会撕扯我们的思想。这个时候，很多同学往往会产生一种认命的感觉，认为那些去了竞赛班的都是初中基础好的，自己和他们没法比；认为那些考在年级前面的人都是平时多么认真、多么努力的人，觉得自己比不上他们。我当年就是因为在刚入学时不适应，完全找不到学习的骄傲、学习的快感，所以内心十分挫败。重建自信，我花了整整一年。这一年让我的高中生活显得灰暗，化解这段 PTSD（创伤后应激障碍）的经历也是自我重生的经历。高考是一场马拉松，开始的速度并不能代表什么，三年的时间、超长的周期战线，能发生改变的太多了。我们万不可在入学一开始就自我否认，否则你在心境上已经输了，因为那些在年级前列的人就会习惯自己的领先地位，而你也会习惯这种落后的状态，这样的话你就真的输在了起跑线上。青春期的少年，一定要有赖以骄傲的东西。我们不需要说出来，但是在心中永远不要认为自己的处境已经固定了，你要相信：别人可以，我也可以。初中优势明显的科目，高中我也要发光发热让老师看到，只有这样，你才能跨过心理困境。很多时候学习是自我战斗，你不认输，就永远有机会。因此，我想告诉大家不要怀疑自己的实力，相信别人能理解的，自己也能理解。你和别人的差别在于逻辑层数障碍。在同一逻辑里，你的理解力和别人是差不多的，只是别人了解的逻辑比你更多，走在了你的前面而已。很多同学会带着一种傲慢，觉得别人努力考出的成绩不算什么，自己就是不努力而已。其实，这只不过是懒惰的借口，因为结果的不确定性，你可以认定自己一定会成功，但是你连努力的第一步都没迈出，还谈什么后面呢？因此，两种心境走了极端都不行，应该有的心境是：保持学习的骄傲，心理上认为自己可以学好；保持躬行的谦卑，用行动来实现并维持这份骄傲。

## 三、自我了解

整个高中，我做过的最重要的事情就是：在高一分科的那天，思考了一晚上我到底是个什么样的人。我思考自己的问题，思考自己的短板，思考自己的优势，自我剖析，深入地了解自己。关于自我了解，我感受很深。我是一个体验派，只有当知识和我的亲身体验挂钩时，我才会形成深刻的记忆，这也导致了我在语文、英语这种相对偏感性的学科上有自己的优势，但是在数学这种抽象的、远离日常的学科上就比较无感。从初中开始，我的科目优势和分布就基本形成了，那就是：我是个文科可以拔尖，但是理科一般的学生。对此我思考了很久：我到底该怎么分配学习的时间，才能让我最后的收益最大化？我想主要包括两点。

首先，需要建立优势科目。我称自己为偏文的理科生，其实不是因为文科

成绩比理科成绩有多好，而是因为我在文科思维的逻辑方面更加自如、更加舒服，在理科逻辑方面则比较痛苦。这种心理往往表现在对语文、英语的兴趣远远大于数学、物理，这只是个典例。这种情况很正常，我们需要利用这种心理，给自己心理正反馈。我们知道，从兴趣到素养，从素养到分数，这中间需要我们付出时间，付出精力，占用脑容量。但是，在高中的考试经历中，你会发现，我们并不能每次都让所有的科目发挥正常，总会出现有的科目发挥不好的情况，这个时候我们需要一两个立于不败之地的优势科目来给我们分担压力。

黄舒程同学整理的英语笔记

拿我来说，整个高三过程中，我对英语的学习基本上花的时间很少，甚至比三门小科都少。因为在高一、高二这两年我对英语的掌握已经比较到位了，整个高三只是补充和提升的过程，所以我把高三英语匀出来的时间用来做其他事情，压力也在无形中减少了。而且偏文科生在这方面的优势会很明显，我们很容易发现，随着学习难度、强度的加大，一些理科学习很好的同学很难保持永远的高水平，或者说为之付出的努力太大；而对语文、英语这种与学科素养和理解能力密切相关的语言学科来说，你的理解能力不会因为你没碰它就很快下降，但是对数学、物理，如果停下一段时间再找回做题的感觉就很难。因此，如果你的优势是文科的话，想要维持状态，你投入的时间就比较少，训练量就比较小。

其次，是弥补漏洞。其实我们很清楚短板效应，当你的六科成绩在班级的排名落后班上一半的人的话，就应该反思一下你是不是存在明显的漏洞学科。于我而言，我的弱势科目是数学。相信大家偏文科但是选择物理，物理肯定不算差。因为高中物理对于我而言更像是文科（个人观点），而不是理科，它需要的更多的是模型积累、想象力和一些细节的积累，与数学那种逻辑链条很长的题目不是很像。因此，我敢说，高三我花费在数学上的时间相当于其他所有科目时间的总和。虽然我的高考数学考得没有多好，但是也没有拖我的后腿，对于这个成绩，我的反应是心满意足。我们对弱势科目也要让它达到这种程度，那就是我容许它不是那么漂亮，但是必须不能拉低我的总分档次，不要把我从985的档次拉低到了211档次。更重要的是，高三我们要面临太多的太多考试了，基本上是一天一考，最多的时候一天三考。这时候，如果我们还有一科总是落后，总是出现在班级的后半部分，那么内心的焦虑可远比高一、高二要严重多了。所以说，就算是为了整个高三的精神状态，弥补弱势学科也是很必要的。

## 四、信任老师

要像信任知心好友一样信任老师。在高中阶段，学生们常做的一件事情就是在暗地里比较各个班的老师谁布置的作业多，以此来调侃作业布置最多的老师。我们也会经常吐槽老师的一些老生常谈。在刚开始我们都会感到厌倦，但是随着时间的推移，我们发现在高三不同时期老师的提醒会有变化，如果我们还抱着最开始的态度，就会错过很多，就会产生信息差。老师拥有比我们更多的高考经验，对于高考的研究、大方向的把握、一些细节的分析可以算得上专家了。

我至今还记得初中英语老师在我们录取黄高后的一堂课上，总结我们班考上黄高的同学身上的特点，只说了两个字："听话。"这个意义上的听话不是小孩子式的言听计从，而是我们知道这件事情的重要性，所以我们相信这些来自比我们更熟悉这件事情、专业程度比我们更高的老师所给的信息。我想这也是一个理性人能够做出的选择，有时候在和好友的吐槽中，这种思考也悄然消失了。我们之间很容易出现这种危险的观点：我知道你是正确的，只是我做不到。消解了老师的权威，失去了对老师的信任，受伤的只可能是学生。

## 五、心态与考试

别绷得太紧。只要是考试，就会涉及考试技巧。即使你满肚子墨水，缺乏考试技巧，也会使你在最后的检验中败北。高中的考试乃至高考并没有特别的技巧，如果说有，那么可以说只有一个，那就是一个好的心态。心态对整个高三的影响真的很大，这种心态的影响甚至可以延续到高考。在临近高考的四次模拟考试中，前三次我每况愈上，成绩一次比一次好，当时已经有些飘飘然了。高考前三天，我的心态十分平和。在陪读楼里午休的时候，正值女排世界联赛直播，我还用妈妈的手机来看直播，结果女排赢了，我就更加相信自己一定也可以。今年高考数学考完，相信很多同学经历了一个从心理崩溃到心理重建的过程，因为即使是平时的考试都没有经历过这种近乎绝望的情况，那就是光没有动笔的题目所扣的分数就快到 20 分了，而且还是在高考，绝望程度可想而知。考试过程中，我就听到很多次啜泣的声音；从考场出来，心理承受能力差点的女生甚至在楼梯口崩溃大哭。这个时候说不慌是假话，所以我们班的几个同学聚在了一起分享大家的心理活动。大家不对答案，只说有多少分没做；说开了，发现大家都是 20 分没做，我们紧绷着的心弦才松弛下来。大家开始调侃自己在最后 5 分钟啥也没做，紧张到手脚都在抖，大家甚至都想复读。但是在调侃过程中，我们的心理压力真的释放了很多，因为在那种高度紧张的时候，能够平稳度过考试已经是幸运，想要拥有一个平稳的心态更是困难。经历过大大小小的考试后，我想大家都有这样的感觉：状态好的时候，随便乱蒙都可以对；状态不好，会做的也会在最后一刻把结果写错。这些实在是太正常、太常见了，因为当我们过度焦虑、紧张的时候，我们其实已经远离最佳的做题状态了。大脑会不断地想考试考砸的后果，会将考试的精力分走，这个时候我们已经远离一种全神贯注的"心流"状态了。所以，老师经常建议我们不要总是抬头看时间，因为在"心流"状态下我们会忘记时间的流失，会全神贯注在自己专注的东西上。在这个状态下人类具有最高的创造力，这就是为什么许多艺术家在作画时可以几天几夜不眠不休去完成作品。

心态对于考试从来都是起到包装和锦上添花的作用，内里还得靠知识做基础。但是，知识的取得往往比较困难，心态却是人自身可控的因素。强大的内心不止对于考试，对于青春期的成长也至关重要。因此，拥有一颗"刀枪不入"的内心，你就有超常发挥的希望。

## 六、思考的重要性

请永远不要停止思考。帕斯卡尔说："人是一根有思想的苇草。"人，多么渺小、脆弱，但是因为人会思考，人类产生了思想，所以人类不死。无论是深刻还是幼稚，你的思考永远是你的东西，如果不带思考地去做事，你很难得到收获，你收获的往往是自我安慰和虚假的充实。

举例来说，语文老师布置的作业不只是老师的作业而已，而是老师教学计划的一环、年级统一的规划，必然目的性很强。了解作业的目的，你再思考培养你

黄舒程同学的读书笔记

的什么能力，看看是不是自己的短板，从而选择性地做作业（记得语文老师就要求我们把平时的练习作业做快点，好匀出时间做随笔、读书笔记），就可以避免自己像无头苍蝇一样被老师布置的作业驱赶着往前走，这样才能保证高效作业，真实学习，而不是埋头苦干不见效果。思考不限于作业，思考是成长的必修课。一瞬间做出的判断与在经过一番思考后得出的判断往往有十分巨大的区别，人类理性的光辉在这里显现。

## 七、结语

高中三年转瞬即逝，这三年是青春最美好的三年。没有经过奋斗而收获的成功，恰如没有经历苦涩的甜蜜，毫无意义。你在春天播种，自然会在秋天收获，这一切才显得自然。

这些就是我的真实感悟和经验，希望能对大家有所帮助。

## 点 评

黄舒程同学尊敬师长，待人真诚，性格开朗阳光，有比较强的思辨能力和表达能力。在高中阶段，他目标明确，计划性强，有恒心和毅力，执行力很强，对待学习一丝不苟，有钻研精神，成绩虽然有波动，也会因某次考试或某个科目考不好而困惑，但他总能积极地寻求一些途径去消解这些不良情绪，如适度运动、和同学交流或和老师沟通等，从而尽快调整好状态，保持乐观心态再出发。高中阶段学习压力很大，在紧张的学习之余，他还担任课代表，主动帮助老师分担一些工作，努力发挥个人的示范带头作用和桥梁纽带作用。正是这种乐观的心态、执着的韧劲和敢于拼搏迎接挑战的精神成就了他，希望他在追梦的路上不畏艰难，继续创造新的辉煌。

（龚栋梁老师）

# 昭昭金线成文脉，
# 落落丹心最少年
## ——发散思维发达的我，靠结构化思维考进复旦大学

黄冈中学 2022 届高三（1）班 / 童梓豪

**档案资料**

姓　　名：童梓豪
院校专业：复旦大学中国语言文学系
爱　　好：古典音乐、民乐、京剧、排球
座 右 铭：走抵抗力最大的路

## 一、无常是常，动中有静

有时候一觉醒来，我恍惚间觉得自己还身处黄高陪读村的小楼里，但反应过来才发现，原来已经作别。

高中的记忆已经失散了、凌乱了、揉碎了。

我于黄高是过客，黄高于我是故人。

我明白无常是常，一切终会改变。但无妨，有些东西是长江大河中的几块石头，是时间匆匆、运动不息中的片刻静止，是处处都在变里暂时的不变，是离开高中后却仍然伴随我或者说已经融入我、构成我的东西。挑挑拣拣，我把可能会对高中同学有所帮助的几条个人经验挑出来，敝帚自珍，愿遗鹅毛。

## 二、几座塔和一根金线——结构化的思维和表达

结构化的思维和表达是文章之术、成事之法、成才之道。

寒假的时候，我偶然拜读了做咨询出身的作家冯唐的一本书——《金线》。读完开头，我不禁好奇，他所提到的无数解难者——像天地宝鉴、武穆遗书一般被奉为珍宝的金字塔原理和更为高级的金线原理到底是什么。当我慢慢读下去，一股亲切感油然而生，像下午的潮水般愈发强烈：简直跟语文老师所说的文章要诀如出一辙，也跟我们所追求的"素养"几乎一致——结构化的思维和表达。

一篇好文章的标准有很多，尤其是进入中文系之后，读了许许多多、各式各样的文章，越发觉得牛粪都是一样的臭，花儿却能美得千奇百怪、独出心裁。尽管如此，对于一篇意在讲道理、达思想，要求清晰明了的文章，结构化的方法和标准值得被奉为圭臬。"扣得住、岔得开、排得顺"，简简单单的九个字高度概括了核心。具体而言，就是在整篇文章中，分论点支撑中心论点，在每个论证段落中，论据支撑分论点，而分论点互不重合，排列运用互不雷同，就是"扣得住、岔得开"，也就建起了一座稳固的塔。而编织金线的"排得顺"是最难的，也是最体现思想和逻辑光芒的地方，要求层层递进，前后相承，而不是简单机械地枚举归纳。关于这几点，大家在长期的作文实践中应该都有体会，不再赘述。

如来不只在灵山寺内，结构亦不止于文章之中。在文章之外对结构化思维和表达的运用同样有利于取得成功。老师常说一句话：庸人才为了应付高考，学语文我们是专业的，高考只是顺手发挥。我时常思考这句话，打磨了三年，我究竟专业在哪里？原来我以为是"句号要写"的注重细节，或是默写不错的扎实功底。其实，真正的关键是结构，就是要求我们一眼扫出文章的结构脉络，就是看到一句话首先抽出主干、明晰主谓宾，就是答题时必须要写①②③。这些具体的要求无不是对结构化思维和表达的回归。

何止是语文呢？学霸做数学大题的层次分明、条理清晰，英语教学中所使用的思维导图，英语作文要求要点不漏、衔接紧凑，历史里的时间轴，以背景、原因、主体、特点、影响等作为切入点的分析法，等等，无不是结构化思维和表达的产物或对结构化的运用。

何止是高考学科呢？做任何一件事，对于结构化思维和表达的运用都能够使人如有神助。就拿种盆栽这个简单的例子来说，按照时间阶段不同，可以分为准备阶段、适应阶段、生长阶段、观赏阶段。在准备阶段又分为选择植物、选择花盆、选择土壤，这三件事都是准备阶段需要做的，所以"扣得住"；且这三件事彼此互不重合，所以"岔得开"；同时这三件事又有联系，只有先确定植物，才能进一步确定用怎样的花盆，如塑料花盆、瓷器花盆、陶瓦花盆甚至紫砂花盆，并确定合适的土壤，如酸碱度如何、透气性如何、肥力如何，所以要先选植物，后选花盆、土壤，这就是"排得顺"。"排得顺"要求有逻辑，但不是只有一套逻辑。例如，张三赠送给罗翔老师一个花盆，罗翔老师就可以根据这个花盆来选择植物和土，而不必拘泥于先选植物。

说了这么多，那么结构化的运用对于种花这件事的意义是什么呢？

思路清晰，有的放矢。

如果是一个种植盆栽的新手，很有可能面对这个问题不知所措，即使有所行动也可能颠倒顺序或者漏掉关键。拥有结构化的思维，即使是新手，也能够从容面对这个问题，即使不懂，也知道该查哪方面的资料，学习哪方面的内容，甚至可以在此基础上进一步延伸。这是无关知识水平的通用方法。初中生也知道肥料分为氮、磷、钾三大类，具体运用时，就可以去查询氮肥、磷肥、钾肥分别有哪些，怎样使用等。这样一来，即使原来对盆栽种植一无所知，即使无人言传身教，你也可以在最短的时间里成为一个盆栽专家。种盆栽是一件小事，深入其中却发现它跟许多大问题一样牵涉众多；很多大问题非常复杂，却可以选择跟种盆栽一样简明清晰的解决方法，这就是结构化的妙用。

对结构化原理的运用可成事，把原理变成素养能成才。我相信人有天赋，我相信天才的存在。例如，我背了一早上还没有背下来的英语段落，已经有同学完成默写；生物老师增加了难度，面对多数人做不完的生物试卷，我却能十秒完成一道选择题；很多人看不出单调性，准备再求一次导的时候，已经有人划分区间求出了极值……不可否认，在面对某些事情，一部分人总是更为敏

锐，更有"灵性"，一点就通，一学就会，这就是天赋。但我要说的是，天赋不假外求，并非"上天赋予"，而是从曾经的训练和积淀中得来。把结构化的思维和表达内化为自己的素养，在面对问题的时候自觉或不自觉地运用，你就拥有了所谓的天赋。

# 三、黄高心法——不耻"下"问

黄冈中学是百年名校，其历史甚至比复旦大学更为久远。一个小城里一所不大的中学，却拥有对高考领域匪夷所思的统治力，使得全国各地的人大都知道这样一所中学的存在。师资、生源抑或从黄高走向全国的三轮复习模式，我觉得这些其实都不是制胜的根本，真正的法宝是不耻"下"问的黄高心法。

不耻"下"问，顾名思义就是勇敢地下楼去问问题。"不耻"就是不怕丢丑，愿意丢脸。这个"下"不是向地位低的人去问，而是下楼、跑腿、费工夫。因为我的教室在五楼，除了相邻的文综办公室，想要找其他科目的老师只能下楼。黄高的老师各有特点，但有一个共性，就是每天劝学生们去找他们问问题。积累问题找机会向老师请教，也逐渐从最初老师的催促、要求变成了黄高学生的习惯。讲台上、走廊边、办公室，如果有一群学生围在一起，那他们中间一定有一个不得脱身的老师。

网课期间，童梓豪同学在课外阅读中发现问题并主动提问拥有宁可不回家也等你来问问题的老师是一件幸运的事情；从倒数前三考到倒数二十，也足以值得骄傲。

子曰："敏而好学，不耻下问。"子又曰："知之为知之，不知为不知。"这些都告诉我们，不懂就要问，尤其是对于"不知"的弱势学科。毕竟"听君一席话，胜读十年书"，一次答疑解惑就相当于读了十年书，那么十几次答疑解惑的效果就相当于读了上百年书了，岂不美哉？从初一开始我就严重偏科，英语比较差，一差就差了五六年。从高一到高二略有进步——从班上倒数第三提升为倒数第四，表现在班主任的成绩图上是一根斜率接近于零的直线——我的英语躺平了。高三，班主任多次找我聊天，每次都说了同一句话："你这个英语，得想办法。"话不重，甚至轻飘飘的，因为省略了后半句："否则，你啥也不是。"

我开始经常跑英语办公室，开始在自由晚自习的时候"住"在英语办公室，习惯了办公室外稀疏的树影，习惯了英语办公室宽敞、坚硬却有些冰凉的桌子。

身在五楼东侧的一班，而英语办公室在二楼西侧，我每次去需要跨越整个教学楼。每天跑腿不算什么，真正的压力来自一次次的挫败和看不到出路的绝望。"你这个字写得也太丑了，我看不清，零分。""这么简单的单词都拼错，不扣你分才怪。""这个句子太长了，套那么多从句绕半天。""阅卷老师估计没仔细看，明显分给多了。"我一次次拿着被老师"指指点点"的试卷，悻悻地走回教室。路上遇到别的老师或者巡查的年级主任投来关切的目光，我还要灿烂一笑，表示自己状态很好。这时候，我很狼狈，很心酸，但我撑下来了。在很长一段时间里，我的英语成绩依旧倒数，但能稳定在四十名以内。有一次，我竟然进入了前三十，便惊喜地告诉来递分数条的课代表，我俩像疯了一样哈哈大笑，然后继续干各自的事情。我没有放弃英语作文，它也最终没有放弃我。在后来的几乎每次考试后，在分数表的下半张，总有个人作文分数与前几名相当。我依然还是英语老师口中的"有些人"，不过已经变成了"有些人努力还是有效果的，写的句子很有味道，如果字写好一点，分数肯定会更高"。有一次，我一如既往地奉上我的试卷。老师看得很快，在三段作文上打下三个对钩，说写得不错。我问他有没有要点评的，他说："作文不用再来改了。"我没有天赋异禀，在自己不擅长的科目里，学习能力也实在有限。经过高三一年的努力，英语始终还是别人跟我拉开差距的学科。不过在看到高考分数的时候，我可以很自豪地说：别人就算英语满分，也最多只比我高 16 分，而不是一年前的 60 分。

因此，如果说黄高在教学和学习上有什么过人之处，那一定是这群劝着、催着、赶着、逼着学生去找他们问问题的黄高老师和不耻"下"问学生共创的黄高心法。

知识可以"问"明白，其他问题也是如此，如关于生活、关于未来。答案得自己写，但有攻略为什么不查呢？有些老师经常以"过来人"自居，比如我的班主任，很多同学，包括我，对他的评价都是：多油腻。当然，这么说是因为自己家的老师可以随便黑。我很烦他讲人生道理和经验，用他那几十年的人生阅历来挑战我的一颗"赤子之心"，而且一讲就是半个小时甚至更久。有时我想，这样的班主任，多拿了几百块钱工资却付出了数倍的精力，没有功劳也有苦劳吧。

玩笑归玩笑，不得不说的是，他们的确是"过来人"。我一边痛斥着他的"庸俗、迂腐、死板"，对很多事情却在半推半就中选择顺从，不是因为强权，而是觉得"好像有点道理"。老一辈的人生经验绝无可能成为你我的人生模板，但听见、看见，翻一翻攻略，也许更容易少走弯路，达成你我最想要的结局。高一的时候，我曾问北师大硕士毕业的第一任语文老师：如果读文学，毕业后干啥？她说，做编辑、当记者、写文案。她的回答比较笼统，但对当时懵懂的我来说，已经把我推到了现实的边缘，仿佛能听到未来生活的狂风在我耳边呼啸。我的感受是：不太高级，不太可爱，好像既不能做大师，也不能赚大钱。高考结束后，返校咨询志愿填报事宜，我跟另一位老师表达了去复旦读中文的意愿，问他的看法。他说：随你喜欢，但是说实话，确实比较适合你的性格。我继续听了一圈亲戚朋友各种各样的建议，多数是反对。之后，我还是选择来复旦读一个文学专业，今后赚大钱、成大师的机会依然渺茫，所谓财务自由大概与我无缘，最多拥有精神自由或者买菜自由。尽管如此，我还是用一张复旦大学的录取通知书叩开了光华楼第十层的大门。问题我想了，决定是我做的，但如果没有问过他们，没有听过他们让我觉得"庸俗、低级、错误"或"有道理、很客观"的意见，我也许想不清楚，也做不出决定。

各班学生与科任老师们自由酣畅地探讨学问、分享思想、交流成长

我觉得对于每一个高中生都是如此。无论是有主见、有思想，还是叛逆、张狂、自以为是，无论是否表现出来，青春期的孩子都或多或少拥有这些特点。如果没有野蛮生长的力量，没有战胜一切的自信，那还谈什么风华正茂、挥斥方遒呢？作为有主见、有思想的青年人，当然有不顺从甚至反对的权利。但不能忘记，否定一切不是理性，更不是个性。因此，多问，多看，听进去、想一想，然后才决定要不要吐出来、怼回去。

## 四、在星空之中——闪光的激励法

对于那些时刻目标明确、斗志昂扬、精力充沛的人，我感到敬佩、羡慕，同时难以理解。我是一个难以自律的"大多数"，对展望目标、热血沸腾往往

只能持续一小会儿。既然自己不是天生刻苦的那一部分人，我不得不想办法激励自己——让自己处于星空之中。

激励的方法有很多，最简单、也很有效的方法是竞争激励——大家都在发光，你要争取更亮。也就是跟身边人做比较，想要比别人做得更好。但这样做会有一些缺陷，如：持续优于别人，是否会骄傲自满？经常落后，是否会让自己一蹶不振？在某个方面过分好胜，是否会因消耗过多精力而影响其他方面甚至造成内卷？这些都是需要注意的问题。

还有一种方法是对标激励——作为一颗星星，你该看看月亮。我们总能拥有一些仰望的存在，不求超过，望其项背已然可贵。你只要记得月亮的耀眼，就会忍不住时刻发光。这月亮可以很高、很远，如万世师表的孔子、留胡节不辱的苏武、读书报国的周总理、为民种稻的袁爷爷，还有埋骨高原的一颗种子——钟扬。当然，你也可以有更切近的选择。

老师曾给我们发了很多文章作为"鸡汤"，但大都成了草稿纸，其中有一篇《你凭什么上北大》被我留下。作者的名字我已经忘了，但她写下的文字却时刻萦绕在我耳边：同样是一遍又一遍的重复，一次又一次的失望，希望在到处飘飞，却没有一个能抓在手上；想要抓狂，想要站起来大吼一声，想要推翻堆满资料的书桌，然后扬长而去；栏杆上的露水和早上的月亮，初升的太阳被屋梁和柱子分割成一个个小方块，三棵桂花树向不同的方向延伸出影子，楼下的草坪在嫩绿和青黄间来回变化，晚饭后匆匆的脚步，自顾飘散的橙云，喧嚣和死寂反复交替，大脑痉挛般高速运转……我从未如此敏锐地感知周遭和自身的一切，在我即将离开的最后时光。

我和她有同样的感受，我也想让天空见证一个奇迹，我也把头埋了下去，想要更从容地走向那个难以确定的结果。

## 五、如雏菊般向阳而生

在临近高考拍照留念的时候，有同学在草坪里摘了一大把野生雏菊。拍完照后，我把花要来，带回了教室，跟另一位同学一人一半分了，各自插在装有自来水的瓶子里。本来已经近乎枯死的花，在这个简陋的环境里居然没有凋零，反而直挺挺地伸展开来，原来带有的花苞也依次绽放。我们把瓶子放在教室外侧的窗台上，班主任这次破例没有要求我们清走。每当我们觉得这些被折断的枝条只能存活最后一天的时候，花茎却向着走廊外阳光更亮的方向伸展过去，如小小的白色向日葵一般，每日如此。这一把小小的花儿一直陪伴了我高中最后的几个星期，并持续不断地爆发出意料之外的生命力。有水便长，向阳而生。

## 点 评

　　童梓豪同学有着典型文科生的兴趣特长：书籍涉猎广泛，写作才思敏捷，文学才华横溢；擅长笛子、古筝各类乐器，写字书法也是一流。可谓琴棋书画样样精通，更难得的是对很多技艺无师自通。在高二举办的全校诗歌朗诵会上，他带领着一班同学，以一首《静夜》惊艳四座。这些是童梓豪文科才子的一面。而在学习上，他从历史方向第一次考试的年级113名冲到最后高考的年级第7名，中间过程也可谓艰辛无比。他也曾因为没考好受到家长的责问，躲在校园的角落放声痛哭，但重新振作后，依然专注地投入到学习中去。他在高中阶段的学习一直不怎么显山露水，也许不太容易被老师注意到；但是他自己攒足劲，默默努力学习，不断沉淀积累。他上课非常专注，积极参与课堂，几乎每节课上都能举手发言提出自己的想法，思维非常活跃。对于薄弱学科英语，他发扬久久为功的精神，终于在高考中考了134分。

　　童梓豪同学最大的精神特质就是对待学习从来不服输，对自己的问题非常清楚，也能制订计划去执行，这些特点让他在高考中考出了高中以来最好的成绩，最终被复旦大学录取，进入了自己喜爱的文学系学习。我相信童梓豪在大学里会更加珍惜时光、不负韶华！

（周永林老师）

# 我的一点学习体会
## ——从想要逃离政治，到痴迷政治

黄冈中学 2022 届高三（2）班 / 李鑫怡

**档案资料**

姓　　名：李鑫怡
院校专业：中国人民大学人力资源管理专业
爱　　好：阅读、写作、排球
座 右 铭：且视他人之疑目如盏盏鬼火，大胆地去走
　　　　　自己的路

## 一、前言

　　时光步履匆匆，高中时光恍如昨日，但我已"混出头"成为一名大学生。作为黄冈中学 2022 届毕业生以及中国人民大学 2022 级本科生，我很荣幸能分享我的学习经历。回首过往，我的高中三年只是普通学子的三年，但也因我留下的足迹而独特。如果问我最能代表哪一类学生，我会说是最普通的学生。我认为有些东西是值得分享的，也希望我的所见所闻所感有点借鉴意义。

## 二、我何以选择政史地组合

　　大家，尤其是最后选择历史方向的同学，当初在选科时或多或少会有犹豫与挣扎吧？大家都说选理科好就业，但物化并不那么好学，甚至有理科生高于文科生的鄙视链存在。我也经历过这种困境，但经过深思熟虑，我这个文史积

累不够甚至偏理科思维的人，最终还是扛住各种压力选择了政史地组合。

首先，要选择自己感兴趣的。"知之者不如好之者，好之者不如乐之者。"我们可以听取他人建议，但更多是看自己想要什么，问问自己对什么感兴趣，未来想要做什么。若只为俯就他人之言谈而选择自己不感兴趣的科目，未来的学习将会是极大的痛苦。我们的选科模式是"3+1+2"，所以要在历史和物理中二选一。我对历史抱有极大的热情，同时因为物理学得没有我想象中那么好而热情不高。我也面临着亲朋好友说选理科好找工作的炮轰，但是我心中始终萦绕着张载的人生理想："为天地立心，为生民立命，为往圣继绝学，为万世开太平。"我认同我们老师的说法：如果说理科是基础，那么文科就是上层建筑，文科生发挥着协调社会运作的极重要的作用。我期望成为协调社会运作的人。

其次，要选择能发挥自己优势的。我认为感兴趣可以帮助我们学好，但是也要考虑个人能力和实际效益。这是客观存在的，有的人确实不适合学某一些科目，那么这个时候就要扬长避短。我其实当时对物理也是比较感兴趣的，但是在高一学习物理的过程中，我明显地感受到了吃力，而且成绩并不顶尖。当时的理科实验班，有

---

晚上8:03 | 0.3K/s

‹ 　　　　　　　　　更多

# #政治区#
102条动态 398人参与　　查看话题

卫东
2020-06-14 13:33　　已关注

# 政治区 6月9日美军机飞越台湾上空，看到这则消息，你想到了些什么？

阅读 684

3人赞了 ›

全部评论

杨昆
美国想要转移国内的矛盾
往年 2020-06-14

卫东：深刻分析试试? 😂

李鑫怡　　　　　　　　2 👍

1.美国人又挑战我国权威，试探我国底线2.美国急了，他急了，他急了。美军机飞越台湾说是巧合未免太巧，我个人感觉这是美国为了分裂大陆和台湾故意作为。而我不得不联想这几天的美国一直对我国进行各方面的打压制裁，美国是害怕的，害怕中国的崛起，害怕自己国家混乱而失去世界"小弟"前的威势。3.敌人(目前就这么说罢)越是对我国进行打压制裁越能显示出敌人的虚张声势（敢说如果敢直接飞进台湾，我国就敢打下来）也就越能证明我国已经崛起，成为世界上一股强大而不可忽略的力量。4.美国害怕不能当自己"世界霸主"，不能继续在世界"割韭菜"，美国虚了。以上皆个人观点。
往年 2020-06-14

卫东：能想到这么多，很不错 👍

网课期间，政治卫老师引导同学们思考时事，李鑫怡同学主动分享自己的思考

那种真的理科牛人存在，我意识到我学理科是很难学到最顶尖的水平去和这些人竞争的。我的政史地比起理化生无疑是更具有优势的，如若要追求顶尖，历史方向是极好的选择。我最后也确实实现了"弯道超车"。

最后，要有魄力与决心。其实，前面的权衡更多是让我偏向选择历史，当时让我非常犹豫的一个因素是我对于化学抱有极大的兴趣，而且学得还不错，但是学校并不开设历史和化学的组合。而且由于初中的水平有限的教育，我对生物、地理并不是特别感兴趣，又对政治要背很多东西而感到痛苦。但是，如若要选择历史，依据以往的教材与经验，历史、政治、地理相互关联，都具有人文学科的特点，一起学是具有极大优势的。在经过多方权衡与取舍之下，我下定了决心，选择了政史地组合。对化学很感兴趣？那么就学会放下。对政治、地理不那么感兴趣？那么就去培养兴趣。既然选择这条道路，那么便一往无前，追求顶尖。

# 三、我把握的学习方法

在我高中毕业后，时常有人问我怎么学习，回首来看，任何夸夸其谈都不及这一句话有道理：跟着老师走。老师的职业就是"传道授业解惑"，他们研究学习多年，无疑是我们能接触到的"最专业人士"，还有什么能超过老师多年的经验所形成的方法呢？我们与老师朝夕相处，在老师言传身教下学习，其传授的经验方法往往是精华，如若不相信老师而自以为是，是很容易走上岔路的。但我也始终秉持着这样的观点：无论什么样的学习方法，别人说的始终是别人的，只有自己探索出来的才是适合自己的。我所形成的学习方法大都是在老师指导下实践形成的。

下面就是我形成的我认为值得借鉴的学习习惯和方法。

## 1. 制订计划

高中和初中的一个很大区别是，初中老师会推着你走，而高中更多是靠自觉，而且高中比初中的学习量多得多，那么在这个时候制订计划安排学习就格外重要了。最初我是没有做计划的习惯的，是在老师"强制"要求下做计划，最后形成了习惯。我能够明显感受到做计划使我的学习更加有条理，让我做事更有效率，因此做计划的好处是不言而喻的。但大多数人会有这么个问题："计划赶不上变化。"我的关于做计划的一点心得是：实事求是，尊重自己的实际能力，合理安排任务与时间；要有限时意识，对每个任务规划好时间，不要拖延，没做完也不要抢占别的任务时间；留有余地，腾出一定时间用于查漏补缺，完成没有完成的任务以及处理突发情况。

## 2. 改错与总结

学习中的改错与总结是极其重要的，尤其是对于文科生。对于文科生来说数学永远是大头，数学也应该是投入时间最多的学科。我认为学数学最重要的就是做改错，做数学题是永远不嫌多的，哪怕是同一道题。数学的思维与方法就是在做数学题的反复练习中形成的。我有三个改错本，前两个是最常用的。第一个改错本主要用于平日里的试卷改错。我认为最好的试卷改错方式是找一个厚一点的本子，然后把试卷粘在上面再去改错，这样也方便查找试卷题目。第二个改错本主要用于那些改了还错的题目，要求这一遍必须做对，完成对题目的反复训练。第三个改错本主要总结一些我认为比较好、比较经典或者比较

李鑫怡的语文练习改错示例

新颖、比较难想的题目。在做改错本的同时，我也会归纳一些做数学题目的方法以及知识点，就写在改错的旁边。而像政治、历史、地理这样的人文学科，我认为特意地去做题目改错其实没有那么必要，因为这样的改错很烦琐，耗费时间，实操性不强。这些人文学科最需要的归纳总结。因此，我在学习这些人文学科时都是先在试卷上认真改错（同时做好试卷的收纳整理以方便拿取），再专门拿一个本子去总结一些知识要点、易错点和答题方法。我甚至不会去使用那种专门的笔记本，而是拿一个巴掌大的小本子来记录那些最精华的思想，这样也方便随时查看复习。

### 3. 勤于提问

我觉得我有一个非常好的优点，就是喜欢提问，颇有一种"打破砂锅问到底"的精神。我在课堂上特别喜欢和老师互动，在课下特别喜欢向老师问问题。当下课铃声响起时，率先冲向老师的人里往往就有我一个，在办公室里对老师纠缠不放的也有我。首先，我特别享受与老师沟通交流的过程。多年的研究与经验使老师的言谈中充满了智慧与魅力，而在与老师沟通交流的过程中，我增长了知识，充盈了内心。我认为，我们应当有批判精神与深入钻研的态度。有时候，我不认为我的答案与思路有问题，那么我便会去和老师"battle"，尤其是政治、历史、地理这几门学科，不挖掘出其背后的逻辑与道理，我不会善罢甘休。其中的收获不仅是对知识点的理解更通透，还有思维方式的提升。同时，我认为我们应当有"厚脸皮"精神。我觉得我值得夸赞的一点就是特别"社牛"，特别能豁得出去，也就是"厚脸皮"。人在学习的过程中恰恰就是需要一点"不要脸"的精神的。有的同学遇到问题，总是会因为羞涩而不好意思提问，会因为怕老师认为自己提的问题太蠢而不敢提问，或者因为老师会训人而胆怯不去提问，但是这些都不算什么，我相信老师们都喜欢勤学好问的学生，都是很包容开明的。我们可以始终相信一句话：你学到了，就是你赚到了。

## 四、为什么我会爱上学习

一开始我也有"不想学、觉得学习痛苦"的想法，以及凭着喜好学习而忽略薄弱学科的问题，但后来越是深入学习就越能发现学习的乐趣，发自内心地想学以及为学习感到快乐。比起问"为什么我会爱上学习"，或许更应该问"为什么会不爱学习"，我认为"不爱学习"无非是没有"爽"感，没有或少有感受到学习的收获，没有感受到学习的乐趣，自然也不会喜欢上学习。

从学习总体来说，这里有一个问题是："你为什么学习？"你是为了获得高分还是自我成长？是为了父母的期待、老师的另眼相待，还是同学的羡慕？我们不可否认，在高考的压力下，我们需要高分，但是当你把一切寄托在分数与外界的反应时，你会不断地加压，极容易走向极端，乃至获得无尽的痛苦。当学习让人满头起包时，谁又会喜欢学习呢？我最初的学习动机其实很功利，就是为了获得高分，为了不辜负父母的期待，为了引起老师的重视，以及同学之间的内卷。这些都是外在因素，于是我被分数裹挟，陷入无尽的内卷与精神内耗之中，这样的学习压得我透不过气来。但是经过老师开导与自我调节后，我真切地意识到了这个问题，既然知道问题要害，那便对症下药。我首先明确了一个观点：学习是为我自己而学。虽然在应试教育下我们的学习在某种意义上是为了获得分数和应对高考，但我认为，学习不应该只为了分数，因为教育本身的目的是促进人的全面发展。在学习的过程中，我们可以少点功利，多点纯粹，而这种纯粹的人往往也是收获好结果的人。

从具体学科学习来说，不喜欢某一门科目往往是因为还没有学入门，对学习感到痛苦更可能是对分数感到痛苦。当初我也为不想学而苦恼过，在分科时我为选不选择政治摇摆不定。我当时肤浅地以为政治就是靠背，因而为背很多东西感到痛苦。最痛苦的是政治主观题作答要写很多东西，可自己每次考试写了很多，分数却不怎么高。还好，老师一针见血地指出我的问题所在：我还没学入门。于是，我就去深入地学习，去钻研学习背后的道理。渐渐地，我发现政治并不像我想象中那么浅显，反而是充满智慧的。每当学会一个知识点，我便感受到自己的成长，内心非常充盈。而当我将政治知识点的道理弄明白之后，其实需要背的部分就非常有限了。其他的学科也是这样，越学就越觉得有意思，也会更加想要去学习。学得通透后，成绩自然上去了，也能获得高分这种明面上的"爽"感。

# 五、高峰与低谷的起伏不断

人生不如意十之八九。在学习上，我的成绩犹如坐过山车，起伏不定，大起大落，甚至大起、大落、落落落落落，稍有不慎就会陷入无尽的精神内耗，无论是起还是落。我记得一次很有意思的经历：前天出了联考成绩，我的地理是联盟第一；当天晚上学校地理测试，我的地理成绩却不及格，班级排名倒数。高中的考试成绩起伏不定太正常不过了，偶尔有几次看上去很离谱的"意外"也非常正常。更何况大家都在非常努力地学习，大家都是你追我赶，你若稍有不慎就会被反超。当大家都在进步的时候，你不进步就是在退步。面对学习成绩的起落，我们要以平和从容的态度面对：于高峰处戒骄戒躁，处低谷时厚积薄发。

1. 于高峰处戒骄戒躁，总结吸收好的经验。我觉得我属于那种有点容易"飘"的人。我曾经因为取得高分而特别自信，认为自己学得通透，获得高分是应得的。而我又是不太能接受自己成绩下降的人，在我看来，这就是承认自己愚蠢。但是"山外有山，人外有人"，过分自信的人往往会因为考砸而痛苦：原来站得有多高，跌下来时就会有多痛。自以为是让我故步自封，而原地踏步就是退步，当我答不出题目、成绩下滑时，我总是感到极度痛苦，因为下降的成绩让我觉得自己愚蠢，觉得自卑。我依然记得高三的一次模拟考试中我掉到了班级 12 名，后面那位一直以我为目标的同学只比我只差 1 分，当时她的笑容令我至今难忘。经历过太多次起落的痛苦后，我意识到取得一两次乃至一直保持好成绩并没什么值得骄傲的——好成绩不意味着自己聪慧，糟糕的成绩也不意味着自己愚蠢。所以说，当我们处于高峰时要戒骄戒躁，越是取得好成绩的人，反而越是要警惕，乃至要做好自己成绩严重下滑的准备，同时更要脚踏实地地去学习，去总结自己能取得高分的原因。成绩有了浮动没什么，但是如

若因为成绩有了浮动而心态崩掉，这才是得不偿失的。

2.处低谷时厚积薄发，时常反思不足之处。谁都想取得好成绩，不想看到自己成绩糟糕，但成绩起伏不定乃至成绩不如意是常态。我恰恰就是那种成绩总是起伏不定且总是达不到自己预期的人，我时常为此而感到痛苦。但痛苦其实没有必要，成绩不如意其实是一件好事，因为这是让自己的问题得以暴露的最佳契机，错得越多，暴露的问题也越多，提升的空间也越大。这样，我们就能够真正自我认识，然后自我调整。可怕的不是有问题，而是完全看不到问题。当我们处于低谷时，我们要调整好自己的心态，去坦然面对，不要因为成绩不如意就自我否定，反而要在内心憋着一口气，坚定地认为自己能学好，始终相信"天道酬勤"，自己有付出就一定会有收获。我们要透过现象看到本质，借助这种契机，去反思自己的不足之处，充分认识并且解决自己的问题。

## 六、三年磨一剑的坦然无畏

最后，我认为值得讲的一点是：三年磨砺出我对于学习的心态。其实，许多人，乃至我的老师，都认为我并不勤奋，甚至说我是"佛系"，我也常说自己"fo了（佛了）"，因为有时心中确有些迷茫。但是就学习来说，我心中始终有一把尺，我知道自己应当做什么、不应当做什么。我在学习中一直秉持着"但知行好事，莫要问前程"的理念，注重当下的过程，把自己能够做好的事情做好而不追求结果如何。孟子曰："求则得之，舍则失之，是求有益于得也，求在我者也；求之有道，得之有命，是求无益于得也，求在外者也。"其实，把自己分内的事情做好就够了，最后的结果如何自己已经不在乎了。我到最后已经不太在意成绩怎么样了，因为我找到了自己最适合的学习方式，已经享受到了增长知识的快乐了。

因此，在高考时，我其实非常坦然。2022年的高考语文题型有了些许变化，我后来得知有同学为语言文字运用考成语而慌神时还感到惊奇，因为我并不对题型有什么期待，觉得题目怎么变化都是正常的。我只是正常地运用自己的知识去回答问题，毕竟无论题型如何变化，其背后的知识都是共通的，而如若我答不上来，只是自己没学到位罢了。对后面的考试我也是这样的心态，所以，虽然今年的数学非常难，但也没怎么影响我后面的考试。我的理想状态是王阳明的"此心光明，夫复何求"，尽自己所能做到问心无愧便好。好在我的高考结果并不差，我想这也许是我平日其实已经学到位，加上最后这种没什么机心的坦然态度发挥了作用。

最后，送给你们我很喜欢的史铁生的一句话："且视他人之疑目如盏盏鬼火，大胆地去走自己的路。"我希望你们也能找到适合自己的路，无惧他人的眼光，坚定不移地走下去。

## 点 评

李鑫怡同学是一名非典型的文科生，书写弱、文史基础薄。分科后的第一次大型考试后，她主动来找我，说不想读政治了；高三她又来找我，说她超级喜爱政治。一个文史基础薄弱、也缺乏兴趣的同学，在高中三年竟有如此巨大的转变，这让我们老师很惊奇。细细想来，她的巨大转变缘于一种热诚。曾有个细节让我印象深刻：进校第一天，她来得很早，当我进班时，她扑向我，问道："老师，需要我们做什么？"她很钦佩政治老师的治学造诣，在老师的引导下一步步咀嚼出了政治的味道、文史哲的韵味。她做事很有热情，担任数学课代表期间，又很崇拜数学老师。虽然，在高中三年她只考进过两次年级前十，最后却考入中国人民大学，创造了自己成长的好故事。究其原因，我认为有独立的想法又能紧跟老师是她成长的关键。她的文章中，有很多是老师们上课时的闲谈，说明她不仅听进去了，还感动了自己，甚至把有些把逐步形成自己的信仰。她经常自嘲，并以"佛系"一词来宣泄，但始终心里有杆秤。她的路还很长，简单、纯粹、执着、热诚的她一定能走得更远。

（张彤老师）

# 尽量有意义且不后悔地度过高中时光

## ——开局一手烂牌，脑瓜不太聪明，但我拥有激情和热血

黄冈中学 2022 届高三（3）班 / 钟忻奕

**档案资料**

姓　　名：钟忻奕
院校专业：中国人民大学国际关系学院
爱　　好：绘画、音乐、电影
座 右 铭：你若坚持，定会发光

我很荣幸能借此机会向大家分享我的高中经历和学习经验。

首先，我想分享的是我在高中生活中最有感触的部分，同时也是我一直在思考的问题：我们理想中的高中三年应该留下些什么，我们可以在高中三年中获得些什么，该怎么去做才能有意义且不后悔地度过这三年时光。

这三年的重要性和艰苦性是老生常谈的话题了，我愿意把它描述为一个初寻自我的苦乐交织的问道之路。

初寻自我是指我们在学习不同的学科、逐渐掌握基础知识和摸索自己学习方法的过程中，需要不断与自己对话，对自己产生更深和更全面的认知。它并不是简单意义上的刷题、应试、考大学，最终深陷苦海的过程，而应该是迈向成人路上的一个起步阶段和推开世界大门前的一个重要的准备阶段。

苦与乐交织的特征在高中尤为明显。苦在日复一日的凌晨起床强撑睡意的晨读，苦在一场接一场仿佛永无休止的考试，苦在等到夜深人静仍要奋笔疾书，苦在努力之后期待与现实之间的落差，苦是因为我们处于破晓前最黑暗的

黎明时刻。我无法骗自己或者骗你们称高中不苦，因为它对每一个希望有所成就的人来说都是一样的，层层考验、层层磨难是必经之路，可这并不意味着我们的高中是黯淡无光的。在实现论的幸福观里，幸福快乐是由个体试图找到自我的过程中，由从事的促进个人成长和自我实现的活动中获得的，注重的是事件本身带来的幸福感和个人在捕捉意义感时的忘我状态。这样的快乐和幸福持续时间更长，也能在偶然的空虚无望的时间里带给我们满足。回想我的高中，冲进脑海的是摞起来的试卷、背到沙哑的声音、风油精与清凉油混着提神等；仔细想想，还有解出一道难解的数学题的成就感、在不擅长的跑步上为班级争光、与好友忙里偷闲在漫天的云彩下散步大笑的记忆；有一起激励进步的伙伴，有耐心解答的恩师，还有那个不顾一切往前冲的自己：这些一同构成了高中生涯里最温暖的记忆。

春秋时期孔子所追求的道既有天道也有人道，"推天道以明人事"。天道是天自然运转的规律，人道则包括造就成人的各种特性品行。在道这个语义上，人作为主观能动的主体，能与所处环境互动。人能发掘、理解天道，最终与天道和谐相处。在高中三年的短短旅程中，我们在向外界问道，同时自己也在开创道。要寻的道，既是自我成长的道，也是苦乐一体的道；既是怎样度过的方法，也是一条靠自己开创独特风景的道路，同时也是获得自身成长后的特质。孔子所处的时代，周礼衰微、动乱不止，他或许也在追寻道的过程中不断问自己、不断问天地，在兵荒马乱、刀光剑影之中，探得了自己坚定的道。我们不妨将这三年看成一场问道的旅途，在漫无边际的森林里，循着自我的痕迹，找到我们坚定的道。

在我自身的经历里，迷茫无措常有，失望悲伤不少，但从没有松懈和停止过探寻。而我最终找到的那一点方向，可总结为一贯的坚持自律而最终形成的自然而然的习惯，以及一点点信念感和热血，或者你可以称它为"中二"。下面我会讲述像我这样的拿着一手烂牌又没有聪明脑瓜、可是充满激情和热血的后天努力拼命型学生是怎样在高中蜕变的。

# 一、开局不利，天赋不足，但充满热血、后天努力

我在高中阶段里最能代表的类型大概是有所转变的拼命三郎型学生。

高一的第一个学期，我并没有从暑假和升学的愉悦轻松中抽离出来，对于这个新的开始，我没有目标，也没有思考自己该怎么做。于是，我在上课时随意听讲，兴趣来了才记笔记，只做老师布置的作业，从不会多动脑子，整个人都要飘到九霄云外了。高一期中分班考试，在不太认真的态度下，我拿到了班上十几名的成绩，年级排名更是一塌糊涂。在稍微经历了一点刺激后，我的成绩在下半学期期末有了一点起色。我的开局并不是光彩夺人的类型，但它在以后的时间里总是提醒我：你并没有比别人更有优势，你只有靠自己的努力才能实现自己的目标。

对我来说，既是机遇也是挑战的阶段，是疫情时期长达一个学期的网课。

庚子鼠年的疫情给迎接新年之际的人们一记猛击，也让对高中还未完全适应的我们措手不及。抱着和大家一样的心态，网课开始时我还是随意的态度：随便听听讲，潦草完成作业了事，迷迷糊糊睡懒觉，也不背书。结果，第一次线上月考，我的成绩惨不忍睹。或许是同学的飞速进步带给我紧迫感，或许是感受到逆行者的一腔热血和为国为民的大爱，也或许是哪次班会上老师的谆谆教导点醒了我，就在封闭的房间里，就在一张简陋的桌子前，就在没有电脑只有手机的情况下，我萌生了要奋斗要改变自己的想法。

网课的特殊性为我的拼命三郎大计划提供了诸多便利：一个人可以心无旁骛地听讲，录制的视频可以反复观看以消化知识，大量的自习课时间可以支配，抹去了上学、放学甚至去吃饭的时间，自然而然挤出的所有时间都被我用来学习。我没有过人的天赋，没有一点即通的聪明脑袋，没有扎实的基础知识，所以在开始的积累阶段学得比较艰难，靠的是一遍一遍回顾课本，一次一次巩固错题，一句一句背诵、朗读，一回一回刷题、改错。因为网课的特殊性，我几乎断绝了一切学习干扰源，疯狂埋头学习：早上挣扎起床背书，为了搞懂数学知识点熬到深夜。但收获和进步是很明显的，我还能从中感受到成就感和快乐。网课阶段对学习态度的转变和积极主动的热血行为为我后来的学习

打下了坚实的基础。

总结网课时期的学习经验，首先要有对待学习的认真踏实的态度，即认真严谨地对待所学习的知识内容，努力做到上好每一堂课，做好每一次作业练习，认真对待考试。只要踏踏实实做事，就有稳稳当当的收获。其次就是自律，在没有老师监督、没有学校里的学习氛围时，依旧做到严格要求自己，把该做的事情做好。我认为自律的养成要靠三点：一是需要目标和信念感，当有了想要朝目标靠近且不会认输也不会放弃的信念时，你就不会允许自己懒惰怠慢，而会积极主动地找寻进步的方法；二是需要有计划的指导，如果像无头苍蝇一样这里做一点那里做一点，很可能什么都做不好，甚至最后会因为看不见自己的进步而直接放弃，但是当有了清晰的计划安排时，仿佛有了引领航海方向的指南针；三是落实于实践的行动。

回到学校后，经由考试检验，我才发现网课给了我比其他人更多的知识积累和熟练度。我依然保持网课时期拼命三郎的状态，但后期的挑战和困难接踵而至。取得了进步名次和众多称赞后的我更加想要飞跃，一旦看不见进步和成效，就会焦虑烦躁。在网课阶段我投入最多的是数学，回到学校以后，我依然遵循刷题反复改错的方法。但由于对数学没有深刻理解，个人的投入和产出极不相符，不停地刷题、不停地鞭策也没有带来预期的结果。还有地理，它是最让我头疼的高中学科。我战战兢兢背完知识点，模模糊糊理解原理，可打开试题却总是感觉自己什么都不会，总结不出规律，加上投入时间不足，地理一直拖后

钟忻奕的考后总结分析

腿。学习上的高期望成为束缚我身体的沉重包袱，我会无端地情绪低落，提不起兴趣。这样的瓶颈期持续了很长时间，我越是往前猛冲就越是看不到希望，跟自己死磕，跟自己较劲。我在后期遇到的最大困难是心态失衡，对自己的期望值太高，给自己的压力太大，总是跟自己过不去，总是觉得自己可以做得更好，这样的自责和疯狂逼迫导致我身心俱疲。同时由于学习知识浮在表面，没有去深入研究学科内部的逻辑关系以及不同学科之间的联系，导致我的知识水平和能力没有取得实质性的进步。好在靠着前期的知识积累和没有松懈放弃的热血学习精神，我最终基本稳住了学习状态。

回顾我的整个学习过程，既有经验，也不乏教训。下面的学习经验是从我自己的经历中总结出来的，希望能对大家有所借鉴。

## 二、学习方法和应试技巧：找准自己的独特性

我在高中时经常听到优秀的学长、学姐分享他们的经验，我从中吸收借鉴了不少，但更多的是按着自己的性子和习惯慢慢摸索形成了一套学习模式。学习方法没有好坏之分，真正对自己有效的才是好方法，真正适合自己的才能持续长久。学习方法和应试技巧有独特性，不必把谁的经验技巧当成定律，我希望大家找到适合自己的学习方法去实现自己的目标。

这里我要讲述的方法有些在我的实践中取得了效果，有些后来经过我的反思觉得可以优化。

我认为最重要、最有效的方法一定是做计划。这个计划并不是流于表面的，为了应付检查或者事后补写的计划；也不是满怀壮志想着什么都要做，结果制订的计划远远超出自己的能力范畴。它不一定要完完整整、清清楚楚地写在你精心挑选的计划本上，重要的是你的脑海里应有一个清晰的认知，如自己接下来要做的事情是什么、自己的目标是什么、为了实现自己的目标有哪些步骤要做。对于时间跨度较长的计划，为了避免遗忘，最好把它记下来并不时翻阅查看以反复提醒自己；同时，你也可以把目标较大的计划拆分成一个一个的小计划来实现，记下具体的时间和步骤安排。对于时间较近的计划，我的习惯

是不写下来，直接在脑子里过一遍，或者提前几个小时就想好。例如，早上起床我会翻看长期计划以确定我没有偏离轨道，接着结合周计划安排日计划，最切近的计划的是早自习的时间我要背哪一科的哪些内容。

计划安排的量要根据自己的主观能力，同时考虑进客观因素，也就是说，在计划里要准备必须选项和可能选项。必须选项是明天要交的作业，那么我今天必须得抽时间做，或者是自己认为一定要及时预习、复习的内容。必须选项的重要级别高于可能选项。为了让自己不至陷于完不成计划的自责中，必须选项的贴合度要更高，且不能安排过量。为了避免必须选项的堆积，我们可以在一项作业要交之前就把它纳入计划之中，就不会出现"明天的作业今天赶着补"这样的情况了。可能选项则是把必须选项做完了之后空余时间里的事件安排。但有时会出现临时布置的必须要完成的任务，或者其他需要占用时间的情况，那么对可能选项就得往后排。

在准备积累的方法中，我并无太多技巧，依靠的是及时和滚动反复记忆，也就是尽量贴合记忆曲线的规律。

及时复习一定是必要的。我习惯晚上把当天所有学到的知识和自己练习过题目的在脑海中过一遍，如果有记忆模糊甚至完全忘的，就会及时返回查看记录再记忆。像历史、政治、地理这类记忆量较大的学科，我会在当晚复习完当日所学，第二天早上抽时间再复习一遍以加深印象。

滚动反复记忆，简单来说就是一直背，不过是有顺序地一直背。这种方法适合于阶段复习的时期，在记忆的时候可以自己给自己提问，或者有意识地遮住一部分，让自己回忆下一部分是什么。总之，就是调动自己的大脑，在记忆时主动装东西进去，而不是被动吸收。

刷题是我得到的教训部分。我认为一定不能盲目地刷题，不求解答地刷题是毫无意义的。当然，训练熟练度和保持手感是需要靠刷题来培养的。做题是对知识进行回顾的一种方式，它并不能完全说明你的能力水平，所以不要把刷题的对错当回事，更重要的是找到自己的问题所在。熟练度的提高、解题能力的提升、对知识学科的理解加深才是刷题带给我们的真正效果。

最后是应试的方法。平常所进行的考试只是阶段性的知识检验，是间断性地提醒大家不能松懈，同时帮助大家习惯考试的整个过程以做好充足的准备。除了正确看待考试的作用，平时的功夫也忽视不得。考前准备是日常训练，扎扎实实打好基础，按计划和顺序一步一步来。考场之中要认真对待，把考试当成必经的关卡，以自然的态度正确面对它，就能顺利通关。

## 三、与自己和解也与时代联系，慢慢适应成长的节奏

前面我说了很多自己在高中三年里的经历和感悟，我希望借此对当时的自己以及即将体验在挣扎中成长的你们说一句"不如和自己和解吧"。

当时的我就是硬要和自己较劲，一定要看到结果和成效，只要结果不符合预期时便会极力鞭策自己。不可否认，没有斗志是断然不行的，但是如果陷入内耗，就会不利于自身的成长。不如和自己和解：在困难失意之时告诉自己我已经很勇敢很棒了，去抱抱那个已经用尽全力的自己；对于那个笨拙的、没做好的自己，去慢慢找到适合自己的成长节奏，不必焦急，也不必迎合他人。不要只盯着眼前的一次练习中的对错，也不要把一回简单的月考当成决定命运的关卡，一切着眼于过程就好了。也不必过分苛责自己，把一切不尽人意都怪罪到自己身上。只要我们把过程中能做到的尽全力做好，我们就已经在问道的旅途上抓住了自己的方向。这是一场埋头耕耘、不问结果的劳作，身边有只属于一个人的风景，自己接纳自己才会在风风雨雨的

钟忻奕同学关心国家时政，开展"时政话题研讨"

不停变化之中找到心安之处。

如果局限于自己的世界，意志不够强大的人可能会被自我束缚。处于今日的时代中，我们需要与他人联系，我们需要与世界联系，我们需要在逐渐成长的过程中清楚自己的归宿。我希望这种"为中华民族伟大复兴、为中国人民谋幸福"的理想愿景在被大家高呼宣誓时是发自内心的。在百年未有之大变局面前，在世界局势不断变幻的十字路口，我们难免迷茫、难免无措，可是青年人在哪个时代都肩负着自身的使命与担当。当你奋斗的目的不仅仅是为了自身，而是为了他人的幸福和世界的美好，那么你就不会因为一次失败而踌躇不前，也不会因为暂时受打击而放弃奋斗，而是有着坚定的希望和重来的勇气，去上下求索那个我们一直在寻找的道。

祝愿你们度过有意义且不让自己后悔的高中时光，在奋斗中找到自我，在调整中适应自己成长的节奏，与自己和解，也与时代联系。在这问道之旅中，有时晴朗，有时阴雨，但这风景值得你一直求索下去。

## 点 评

钟忻奕是我带过的学生中最自律的一名学生。在分科前钟忻奕并不突出，在全年级排到五百多名。2020年初那场突如其来的疫情让刚刚选科结束的学生经历了长达半年的网课，很多学生因此迷茫沉沦，钟忻奕正是以较强的自律克服各种问题脱颖而出的，很快在高二上学期鄂东南期中联考中取得了第三名的好成绩，成为我班第一个跻身年级前十名的学生。此后，她在各种大考中长期保持年级前十名，两次取得湖北省十一校联考联盟前十名、年级第一名的优异成绩。钟忻奕学习刻苦且充满激情，每天早上我总能在教学一楼听到她在五楼的朗朗读书声，每天晚读我总能在走廊上看到她读书的身影。钟忻奕学习讲科学，高中三年从不打疲劳战，每天晚上坚持11点30分之前睡觉，平时休息时间里常看电影，在公园里散步。她有自己的一套学习方法，政治陶老师从高一开始就发现钟忻奕的政治作业很用心，改错非常有特点。付出终有回报。钟忻奕在2022年清华大学强基认定中获得"良好"资格，但在高考中没有发挥出应有的水平，与清华大学强基录取线仅差 0.9 分。这样的结果虽有些遗憾，但钟忻奕给所有老师留下了深刻印象。她敢于亮剑不服输的精神鼓舞着三班所有学生。分班前，三班在年级前二十名中一个人都没有，但在她的鼓舞下，三班年级前十名、前二十名不断突破：2022 年高考中三班学生喻梓洋夺得湖北省文科第三名，三班年级前十名有两人、前二十名有五人，创造了黄冈中学平行班的高考历史纪录。如今钟忻奕就读于文科名校中国人民大学，我坚信她能继续创造奇迹，未来一定会更优秀！

（何祥老师）

# 浩渺行无极，扬帆但信风

## ——起点很低，数学逆袭的"半吊子"文科生

黄冈中学 2022 届高三（4）班 / 陈　银

**档案资料**

姓　　名：陈　银
院校专业：浙江大学信息资源管理专业
爱　　好：阅读、乒乓球
座 右 铭：终于，我明白，必须去创造新的自我了

　　书山寻路，学海摇橹；十年寒窗，上下求索。很荣幸能够给学弟、学妹们分享我个人关于高中学习与成长的一点拙见。如果要用一句话概括高中的自己，应该会是数学逆袭成功的"半吊子"文科生，高中三年不仅给了我奋力拼搏的机会，也让我找到了令我终身受益的思考方法和处事逻辑，我愿以我的备考经历为例，与学弟、学妹们分享我在学习方法、心路历程以及心态调整三方面的心得。

## 一、学习方法

　　学习的道路千千万万，并不是成绩顶尖的人就一定拥有最好的学习方法。我们需要探索自己的学习习惯，找到属于自己的学习节奏。回望过去，我不禁感慨，任何一条道路，都有它不得不走上来的原因。如何将星星化作皓月，如何在学业上有所进步，对此，我想分享一些我认为行之有效的学习经验，希望

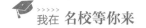 

能对你有所启发。

### 1. 学科平衡

要做到学科之间的平衡，就要先找准自身的定位，也就是要分析自己的学科优劣势。所谓的优劣势，并不只是简单的分数高低或者排名前后，同时也要看你对这门学科的心态积极与否。分析清楚自己的现状后，再对弱势学科进行"区别对待"，根据学科特点进行有针对性的训练：对优势学科要继续保持自己的学习习惯，对一般的学科则分情况进行突破。

只有理论上的分析还是比较抽象的，所以接下来我会以自己的实例进行具体分析并给出一些学科学习的具体建议。

首先分析我的定位。我是很典型的数学后进生，政史生勉强都可以算作优势学科，双语一般，因此数学必然是我的重点攻克对象。

再分析各个学科的特点。首先，数学无疑是要耗费大量的时间和精力进行专题训练的。在此建议数学成绩一般的非高三同学不需要做额外的习题，只需要上课跟紧老师，做好每个新章节的巩固即可；高三的同学则要跟紧一轮复习，同时大量做题巩固已复习部分，保持做题的手感。其次，针对我的次弱势学科双语，需要进行长期攻坚战。我需要每天抽出十几分钟进行知识积累，语文需要多多积累时政热点、文言文字词、作文素材；对于英语，我推荐大家复盘周考试卷，看阅读和完型以提升自己的阅读能力，看范文的好词好句以积累英语作文的字词。再次，关于我的优势学科政史，它们的共性就是总体上偏向背记，建议背记能力偏弱的同学可以早起多读多背，课下多找老师讨论试卷题目，不需要额外刷很多的练习题。最后，生物这门学科比较特殊，需要将背记结合起来。我推荐以思维导图的形式来构建框架，在记忆的同时也融会贯通了各个章节之间的联系。这样分析下来，我的学科规划就十分清晰了。

### 2. 计划管理

做计划也就是时间管理，这其实是承接上一点的学科规划。良好的时间管理是保持学科平衡的前提。"做计划"这个词对于大部分的高中生而言，或许并不陌生，但是大部分人的计划中会缺少重要的一环——总结，以下围绕如何做计划和总结展开。

计划对于高中生而言其实就是时间的安排，即在什么时间做什么事情。我们的时间分为两大块，即不被自由支配的和可以自由支配的；前者是固定作业时间，后者是我们的学科提升时间。很多学弟、学妹和我吐槽日常作业太多，每天赶作业已经耗费了所有自习时间，甚至需要牺牲部分睡眠时间才能保质保量完成作业。这是很典型的被牵着学习，如何突破这样的困境？我的方法是通过强制自己每天抽出时间提前完

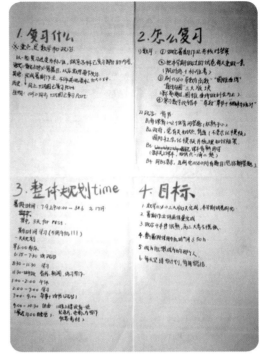

陈银同学的暑期计划

成自己的学科提升任务（如一节自习课完成一页数学习题），然后再去写学科作业，倒逼自己高效利用剩下的时间，这种方法比较适用于平时写作业会拖延的同学。长期坚持下来就会养成留出时间进行学科提升的习惯，同时也掌握了高效利用时间的秘诀。另外，就是计划的关键一环——做总结。每日计划下的总结不一定要严肃地反省自己，也可以是一两句话式的小日记。总之，只需要对自己的这一天做一个小总结，时刻关注自己的学习状态，定期（如月考和期中、期末考）为自己的学习做一次复盘。

## 3. 师生交流

最后讲一个大家都知道的学习秘诀，就是向老师讨教。

老师对学科学习比我们理解更透彻，同时老师也是除了我们自己，对我们实力最清楚的人，所以老师可以为我们指出正确的学科学习方向。据我了解，

陈银同学的计划表

大部分的人，包括我在内，对于找老师问问题以及谈天说地都是渴望但又胆怯的，要想克服这种心态，我们就要勇敢地迈出第一步。以我的高中数学老师为例，他上课严肃，课下却是一个很可爱的"小老头"，无论我们问到多么浅显的问题，他都会很耐心地回答我们；高三的时候有人经常去找他谈心，为了照顾我们这群数学拖后腿的同学，他经常成为办公室里的最后一人。"多往办公室跑"是高中班主任经常挂在嘴边的话，可惜我直到高三才明白他的良苦用心。我以前的观点是自学，自己思考，往往无疾而终，有时不懂装懂。只有跑过了办公室，才知道这个题有很多种解法，才知道为什么自己的方法不行、哪里需要改进。

高中是我们情绪起伏比较大且心智发育不成熟的时期，通过和信任的老师聊天，我们可以了解更加广阔的天地。尤其是到了高三，我们面临很大的压力，老师是与我们朝夕相处的人，我们可以向老师倾诉烦恼，获得正确的价值引导，保持良好的心态。

## 二、心路历程

高中三年说长很长，似乎每一节晚自习都是煎熬；说短也很短，过去了便再也回不来。之前在给母校的学弟、学妹们做学习经验分享视频的时候，我将高中划分为两个阶段：高一、高二是适应期，高三是习惯期。

从初中过渡到高中，学习方式、生活方式都有了很大的改变。高一是心态转变的关键时刻，高中快速的学习节奏裹挟了大部分准备不足的同学，他们甚至连跟上老师的步伐都很艰难。开局不利，很多同学可能会开始怀疑自己：我真的可以考好吗？可能我就是这个水平吧？

回望自己的高一迷茫期，我发现我的观念还没有转变，我仍然用着初中的老一套，老师说什么我便跟着做。但高中显然是不一样的，它要求我们有一定的自学能力。高中的知识点很多很庞杂，有人戏称"高中一学期学完相当于初中三年的知识点"，由此可以理解为什么老师们都在往前不停地讲新课。多而快的课程进度督促我们去主动学习课上没有提到或者讲得浅显的知识点，在课下及时巩固已经学到的内容，而不是坐等老师"喂饭"。

因此，自我怀疑是非常正常的，大家要尝试去理解自己，和当前的自己和解。这并不代表我们屈服于平庸的自己，反而会激励我们主动地去改变现状，永远不放弃自己的理想目标，这就是我们不断进步的秘诀。

高三也是一个非常特殊的时期，很多人说这是人生的分水岭，我并不完全赞同这种观点。高三确实是人生的一个重要成长时期，那时我们的心智会发生很大的改变，但并不会完全决定我们的人生。高三可以说是一个强压环境，身边所有人都是精神紧绷，每一次考试都是一次考验。在这样的强压下，我们的情绪波动很大，精神很敏感，一点点风吹草动都很容易被我们放大。我记得临近高考的时候，我的压力越来越大，很容易因为一些小事情绪暴躁。令人哭笑不得的是，我曾经因为每天中午只能睡半个小时而向班主任哭诉。有一次，趁着一个全是自习课的周六下午，我美美地睡了一觉。睡醒后我撑起一把伞，在微光细雨中漫游校园，发现了许多可爱之处。这让我明白，高三不只有被成绩压垮的无奈，还有很多很多的美好。

在高三，我们要更多地关注自身的成长变化，少一些戾气，多一些可爱，借此机会蜕变为不一样的自己。

## 三、心态调整

正如前文提到的，高中确实是我们一个重要的成长时期，我们会经历许多

变化，有成长的喜悦，也有遭受挫折的沮丧，同时也会明白许多道理，只愿我们不忘初心。

### 1. 理想与现实

"每一个高中生都怀揣着清北梦"，这是我在上高中时听到的说法，这并不是想说我们狂妄自大，我认为这是我们理想的一个产物。当踏进高中校园的那一刻，我们心里无不是怀揣着对未来学习的美好憧憬。犹记得我第一次进入黄高校园时的情景，广播里清脆的少年音诉说着这所名校的厚重历史——播音员讲述着当年的高考喜报。听着一个个骄人的成绩，我的心中开始种下一颗名校的种子。

本以为在老师的教导和我勤奋的学习下，我会如愿地拿到一张张高分试卷，但是数学给了我迎头一棒，我在第二次数学周考中创下了人生新低。我恍惚很久，不明白我的付出得到了什么，开始怀疑自己的学习是不是行之有效的，是否真的能达到自己的目标，理想与现实的差距让我非常痛苦。

通过与学弟、学妹们的交流，我发现很多人存在这种现象。首先我可以肯定地说，我们都是可以的，我们的出发点都是对的，我们都认为自己是优秀的，这就是我们可以跑得更远的驱动力。我们需要做的就是降低期待，并不是说降低要求，因为考试的变数很大，我们此刻不及格，并不代表高考也是这个分数，要更加专注于当前的分数与试卷能给我们带来什么。我们要始终坚信自己是优秀的，即使一路跌跌撞撞，也一定可以抵达彼岸。

### 2. 自我与他人

主观上存在自我与他人的比较是很正常的，我提出这个并不是想要扼杀它，而是想正视它。

以我自己为例，我认为令我高三感到压抑的一个重要原因是我总是拿自己与班级其他同学进行比较。我知道自己已经在进步了，在朝着正确的轨道前行了，但是我总会想"为什么××看起来学得毫不费劲，但是分数却是我永远无法达到的高度"。关于这个问题，我也曾和多位老师进行过交流，最终的结果都是：你眼中的他学起来毫不费力，没有付出就有了收获，那是因为你没有看见他私下的努力。诚然，时至今日，我才慢慢明白：每个人在当下闪耀，身后都留下一路坎坷，没有那么多天才，他们只是在不同的地方暗自发芽。因此，盲目比较不可取，我们更应该通过这种比较去找到对方的闪光点，取长补短，不断地优化自身。我们无法避免比较，那就尽量把它转化为良性的动力。

### 3. 学习与生活

这里的生活，我理解的是家人与同学。步入高中，友情占据了很大的位置。同学们朝夕相处，最熟悉彼此，摩擦与争吵是很正常的。不是所有人都能磨合成为人生伙伴的，遇到不和的朋友，我们很难处理个人感情和学习之间的关系。换言之，这种关系对我们的学习状态影响很大。

我曾经历过一段失败的友谊。那时的我夜不能寐、心烦意乱，学习状态极差。"时间会冲淡一切，很多事情并不是那么重要"，现在回看这句话，感慨万千，所以我想把它送给读到这篇文章的学弟、学妹们。我们的人生很长很长，当下很重要，但并不是唯一，如果有些什么想不明白的，就把它交给时间吧，专注自身，未来自会奔我们而来。

再者就是与家人的关系。我唯一想要分享的是，在与家人的沟通中，不要让情绪操控了自己，多站在对方的角度考虑问题，也许我们之间隔着不可跨越的代沟，但是我们仍然能做到平心静气地交换彼此的想法。

高中是一个很奇妙的时期。踏入这个校园时，我还是个懵懂的孩子；走出校园后，我好像明白了很多，那些美好和遗憾，我们都要一一品尝。于我而言，"未觉池塘春草梦，阶前梧叶已秋声"，高中那段艰苦却充实的生活已然结束，但是对于各位学弟、学妹们来说，仍有一段征程等着你们去征服。你们或许已经绽放出耀眼的光芒，或许只是些许微光，甚至还没能看到光亮，可这又何妨，前路浩浩，不要止步，不要退缩，前方一定有独属于你的一片星空！

点 评

　　陈银同学勤奋、自律、好学、乐观，高中三年能够见证她的成长，实属我的荣幸。她自律而坚韧，"我要做整栋楼来得最早的"，当这句话从她口中说出来时，我甚至还有些怀疑，但她用行动证明了自己。无数个清晨，她早早来到班上，翻开课本，激情读书。也正是在她的带动下，高三时班级的读书氛围有了很大提升。她善良而阳光。班级分享交流会上，她毫无保留地将自己列计划的心得和方法教给大家；课下，她会不厌其烦地为同学答疑解惑；生活中，同学遇到困难，她总会送去安慰和鼓励。她好学而善学。在我的印象中，她热爱思考，喜欢探究，善于梳理知识结构；她也时常主动找老师交流谈心、询问学习建议、打磨试卷。对于老师的建议，她总是能够悉心听取，不断提升自我。高中三年，从青涩到青春，从懵懂到成长，从失败到成功，她的努力和付出终于有了回报。正如她在自己的座右铭中所写的："必须去创造新的自我了。"未来，希望她能够不断挑战自我，创造新的自我。

（罗辉老师）

# 18 岁，遇见自己
## ——爸爸说我"文理都学不好"，我通过强基计划进入人大

黄冈中学 2022 届高三（1）班 / 余晨曦

**档案资料**

姓　　名：余晨曦
院校专业：中国人民大学历史学院
爱　　好：绘画、书法、侦探小说
座 右 铭：低头赶路，敬事如仪

八月长安在《你好，旧时光》里写道："彼时的少年站在成长的尽头，回首过去，一路崎岖早已繁花盛开。"回望这条从高中走向大学——从未成年走向成年的路，有笑容，也有泪水。18 岁，猝不及防地走进了我的生活；18 岁，悄无声息地将我拥入怀里。

在深夜的灯光里，我突然觉得，18 岁的我，遇见了自己。

## 一、成长就是这样，不断告别，不断遇见

我在初三的上学期遭遇惨败，与被县一中提前录取的名额失之交臂。之后的时光，焦虑时刻伴随着我，有悔恨，有不甘。于是，在下学期的全市提前招生考试中，我"破釜沉舟"，考入了我的梦中情校。

15 岁，我告别了久居 15 年的老家，只身一人，来到了市重点高中。

告别了疼爱我、把我捧在掌心的初中老师们，我满怀着热情和希望走进了

高中，梦想在这里大展拳脚，一鸣惊人，但真实的情况总是那么不尽如人意。

市重点高中人才济济，比我优秀的同学比比皆是，心高气傲的我也在数学、物理、化学的重压下被打击得完全丧失了信心。几乎是每日一考，我都要不情不愿地去面对惨淡的分数。尽管如此，我也从未放弃选择物理的道路。大抵是虚荣心和偏见在作祟，我认为学历史的大多是学不好物理，想走捷径的。

面对分班选课考试，物理还是历史的选择又一次摆在了我面前。班主任特意找我分析了各科成绩，告诉我学历史应该是个不错的选择。说实话，我动摇了。我小心翼翼地将自己的选择告诉了父母，电话的那头是长久的沉默，父母都没说话，时间就这么静悄悄地从电话这头爬向了电话那头。

翌日，父亲给我回了个电话说：政治、生物、地理这几门要等级赋分的学科，我按照赋分的规律给你算了一下，这几门都可以赋到九十分以上呢，选择历史也不赖。我听到了来自远方的父母的支持，感受到了父母是我坚强的后盾。我不记得父亲最后到底说了什么，大抵是：这是你的选择，你自己来做决定，只要你不后悔你的选择就好了。

有人会指责对孩子说"只要你不后悔自己的选择"的人，认为这是对孩子的不信任，但是我认为路都是在自己脚下的，尊重、理解并予以支持并不是对孩子的放纵，而是父母对孩子深沉的爱，适当地提醒更是锦上添花。路在我们每个人的脚下，是我们自己踏出来的，一步一个脚印，这才是我们成长的印记。

于是，我调转了行路的方向，走上了历史这条路。

分班后，一个白白净净、可可爱爱的女生见到我，笑眯眯地打了声招呼，后来我们成了最长久的同桌，也成了无话不谈的好朋友。

期末考试我又一次受到现实的重创——班级倒数十名内，年级百名开外。归家的途中，我一言不发，爸妈对成绩也闭口不谈，车内的氛围冷淡至极。

刚上高中就碰上了新冠疫情，这对绝大多数人来说都不是一件好事，却成为我逆风翻盘的机遇。网课期间，我逐渐学会调整自己的学习节奏，寻找适合自己的学习方法，专注地对待每一个自习时间，再利用课外时间去进行一定的查漏补缺。待在家里的温柔窝，轻松的氛围让我拥有了更好的心态，而非处于与他人的"比较"状态而终日惴惴不安，成绩也逐渐有了起色。

## 二、所谓无底深渊，下去，也是前程万里

高一、高二就在忙忙碌碌和平平淡淡中度过。我们的教学楼从第一排搬到第二排，最后搬到了第三排，我们也满心欢喜地迎来了空调效果最好的高三教学楼。少年时期的快乐总是那么简单，或因为今天的晚霞将整片天空染成粉红色，美得不可方物；或因为早餐抢到了期盼已久的豆浆、油条和皮蛋瘦肉粥……

高三的某一天早晨，我和同桌挽着手拿着包子从食堂往回走，看到高一、高二的学弟、学妹们跑向食堂的身影，仿佛看到了两年前的自己，无数个早晨披着晨光和朝霞跑向食堂，奔向自己的未来。大家的眼睛里都闪烁着希望的光。

我本以为高一、高二平稳的成绩到高三不会有太大的波动，但是事实又一次打破了我的幻想。整个高三学年，大大小小的考试有十几场，我的成绩经历了巨大的波动，从年级二三十名下滑到了七八十名，班级排名也一直处于三十位左右。我以为成绩应该是起起落落，有起有伏，起伏波动是正常的，而我的成绩却是起、落、落落落落，在这个排位上我保持了大半年。以前我想的是保武大冲人大，后来觉得自己考个985都成问题。

而高三的时光就在这样相似的一天天中消耗掉了。我看着墙壁上挂着的倒数计日表，从三百六十五天，变成三百天，又变成两百天。好像无论我怎么努力，都是无用之功。每一次考试，总有那么一两门发挥得十分差劲，甚至是我最引以为傲的文科，也进入倒数的行列。

高三大都是统考，看着身边的同学突飞猛进，楼下的光荣榜里不断有着新的面孔。站在谷底的我无数次地仰望顶峰上的人，多么希望我也能爬上顶峰，去感受这"一览众山小"的云淡风轻。可是我只能一次又一次地待在谷底仰望。我一次又一次地告诉自己：没事儿啊，还有机会呢，这只是一次模拟考试，能够暴露出来问题就是最好的了。

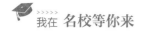 

可是，我还是会不甘心。习题册子刷了一本又一本，办公室跑了一趟又一趟，课本上的知识点背了一遍又一遍，试卷上的错题整理了一次又一次。

我还记得，某一天我抱着半人高的历史作业到办公室，历史老师笑着让我看电脑，说：你看，这是哪儿？那是一些窗明几净的多功能教室的照片。阳光从窗口洒进，落在了照片中人物的身上。他跟我说：你看，这是中国人民大学，我以前的历史课代表拍的，我等我这一任历史课代表也去人大。我怔了一下，浅浅地说：算了吧，我怕是指望不上了。那是第一次，我真正见识到人大的校园。

人大，那是我梦寐以求的殿堂啊！

后来，某一次考试后，在陪读房里，我垂着眼睛，扒着白米饭，母亲生气地问：你努力了吗？

只那一刹，我感觉自己就像一个泄气的皮球，所有的努力都因为成绩单上不光彩的数字而被否认。泪水止不住地往下流，流进米饭里，被我咽下。我无力去反驳，该如何去定义我的努力呢？我也不知道，我只能小声地说：我努力了。

母亲质问我：你努力了，但是你尽力了吗？我仿佛被拉进了无尽的深渊，被无尽的恐惧、焦虑、愤怒和无助所裹挟，裹得我无法呼吸。

作为家庭主妇的母亲在我高三时毅然决定来给我陪读，而家里的弟弟也正值初三，母亲只能每周都两边跑，从县城到市里，再回到县城，就这样重复往返。

母亲也哭着跟我说：你成绩不好，你父亲会觉得是我陪读没把你教好。争吵就这么继续着，混杂着我的崩溃、愧疚和无可奈何。

中国的应试教育带给大多数孩子和家长的都是压力，望子成龙、望女成凤的传统观念成为一套枷锁，也成了父母的夙愿。千军万马过独木桥，"高考改变命运"的口号更是压得我们喘不过气来。人生的小前半段就要被一场为期三天、六张卷子的考试判下定语。

高三或许是五彩的，但是对那个时期的我来说，是黑暗的。

有一次，我拿着卷子跑进历史办公室问问题，历史老师看了我一眼，并没有接过我手中的卷子，而是说：我觉得你有些急了。

是的，我是急了，一遍又一遍地刷题，只是喜欢看着那一套又一套的卷子被完成来验证我的努力。他说：你做的题目已经够多了，需要去整理你所学过的知识了，最后高考，不管怎样你也不会差的。

我仿佛被打了一剂定心针，于是我再一次改变自己的学习方法，适当减少刷题的时间，利用剩下的时间对以前学过的知识做整理，不再执着于用一套套做完的试卷来彰示我的"努力"。

尽管如此，我的成绩依旧没有起色。我也不再焦虑。我总觉得，我已经尽我所能地做到最好了，剩下的一切就交给时间来验证吧。

气温一点点回升，天气也一天天燥热起来。教室里一如往常，大家埋头写着作业，仿佛对于大家而言，高考已经变成了我们无数次模拟考中的又一次模拟，我们就如同对待平常的每一天来对待这个可能会影响我们未来命运的重要考试。

当我们将课本、书籍从教学楼搬出来，来到综合性教学楼的顶楼备考时，我才终于意识到：要高考了，我的高中时代要结束了。在三百多天以前，我挽着同学的手还在抱怨"什么时候高考啊，怎么还有三百多天啊"，可是这天就这样来了，没有期待，也没有留恋。

向天再要五百年，大抵是不可能的了。

望着蔚蓝的天空云卷云舒，远处的烟囱吐出长长的烟云，与云霄融为了一体，仿佛整片天空都是由那个瘦长瘦长的烟囱吐出来的。这是平时我最爱看的景色，而搬离教室的那一天，我却感慨再也见不到这么可爱的天空了，再也见不到这么触手可及的天空了。

高考就这么来了，我们坐着大巴欢声笑语地向最终的考场进发。2022年的高考最让大家痛苦的莫过于数学了。我握着笔却没有任何思路写下解题步骤，那种无能为力的感觉又一次爬上心头。我惨然地想，估计是逃不过复读的命运了。交完卷，我不甘心地流下了眼泪，觉得自己的前程和梦想随着这场考试烟消云散了，考前自己对数学的努力就像跳梁小丑般可笑。

可能是卷子太难引起了大家的公愤吧，回去之后大家在教室里对着这场

"史无前例"的地狱级别的数学卷子痛声大斥，就这样你一句我一句，这场考试带来的焦虑也逐渐消失了。面对这场出乎意料的考试，我几乎觉得没有希望了，后面的每一场考试都放平了心态，不再为那命运的考试而忧愁。

考完，走出考场，我的脚步都是轻浮的，像踩在云朵上，飘飘然，手心里也都沁出了汗水，我却感到了一种前所未有的快乐与轻松。晚上，庆祝完我终于度过了人生中的第一个重要关卡，我又回到了自己住了一年的陪读房。楼下，灯火通明，烟雾缭绕，成群结队的学弟、学妹们刚下晚自习，在各个小吃摊前流连辗转，热热闹闹。几天之前我也是他们中的一员，看着面前的人来人往、嬉笑打闹，我的眼角不由得湿润了。时光飞逝，岁月如梭，我终于走过了这一程。

## 三、愿你成为自己的太阳，不必凭借谁的光

悠长的假期伴随着炎炎的夏日，我又拾起了自己的旧爱，跑到以前书画老师的画室重新拿起了画笔，去感受这阔别已久的轻松。

大抵还是会因为数学而内心惶惶，等待高考成绩的过程是很复杂的，担心自己的成绩太差不想看到分数，又迫不及待地希望看到自己的成绩。出成绩的前一天晚上，我在一种紧张和兴奋的情愫中守着十二点的"一锤定音"。过度的紧张让我着实疲惫，只好先去休息，心想等天亮了再去查成绩，便昏昏沉沉地睡了过去。睡梦中，我突然听到母亲惊喜的声音，她跑过来告诉我成绩，我一愣，突然反应过来这大抵不是梦，便抱着母亲跳了起来，与料想的大致不差。

大抵是有些幸运的，四月的时候趁着强基计划的热潮，我报上了我的梦中情校——人大的强基计划名。高考成绩出来不久后，我也顺利地收到了人大强基的入围通知。在历史老师的帮助下，我拜访了多位学长、学姐，做了些强基计划的准备工作，"临时抱佛脚"般翻阅了一些书籍就匆匆忙忙地"赶鸭子上架"了。

一天傍晚，夏日的残阳似火，鲜艳的晚霞映在了家里洁白的墙壁上，我窝在沙发里，看着霞光。我听到母亲提了一句，清北强基的名单已经出炉了。我抱着忐忑的心点开了曾经被无数次点开过的人大强基网站，没有赫然的"已录取"三个大字，只是在一栏栏一行行的考试相关信息后看到了小小的、很整齐

的一排字样——"已录取,录取学校:中国人民大学;录取类:历史学"。

这大概就是美梦成真的惊喜吧,有一种恨不得昭告天下的快乐,我终于考上了自己的梦中情校。回想起百日誓师那日,当励志讲师要求我们在纸上写下自己梦想的学校时,我就毫不犹豫地写下了"中国人民大学",却囿于当时长期低迷的成绩,我无法也不敢对身边的任何人说出自己的梦想。

九月,金秋佳节,我背上书包,带上行李,告别家人,踏上了奔赴自己美好前程的路。

强基计划与寻常的专业培养大同小异。大学的生活更加自在,给了我们更多的发展空间去发展自己的兴趣爱好和专业。我报上了史院的辩论队,享受在辩论场上大杀四方的快乐;坚持去健身房,感受汗水挥洒的快乐;课余时间泡在立德自习,在各具特色的历史叙事中体会中华上下五千年的快乐。

这个秋天,我没有闻到南方空气中时常酝酿着的甜蜜蜜的桂花香,却看到了独属于北方的浪漫。满树金黄的银杏叶子在风中摇落,在地上铺成一条厚厚的地毯,好像整个秋天都是属于银杏的,骑车进入银杏园,就仿佛闯进了某个梦幻般的童话世界。

在这个童话世界里,小小的梦想在孵化。

天才画家梵高说:我越来越相信,创造美好的代价是努力、失望以及毅力。首先是疼痛,然后才是欢乐。这18年的大风小浪也在告诉我,成长的过程中必然要经历阵痛,羽化成蝶的过程也必然是伴随着疼痛的。成长,我们都只有一次机会,在这条路上,稚气懵懂的我们获得了成长的勇气,变得更坚强。何其有幸,18岁,我遇见了自己。

## 点 评

余晨曦同学是一个积极追求上进、很有思想主见、做事能力强的同学。她刚开始选择历史方向的起点并不是很高,但是经过一个学期的努力,从年级一百一十名前进到了年级前二十名。她虽然在高中三年中经历了很多波折起伏,也有过怀疑、气馁,面对成绩、家长也有过茫然和不知所措,但是她勇于寻找"自救"的方法，积极寻找各科老师帮助，再加上自己不屈不挠的顽强精神，让她逐渐克服困难，走出逆境，高考一举考到了年级第十三名，最后又顺利通过了强基，进入到中国人民大学历史系学习。在这里，我由衷地为她感到高兴。最后的成绩看似偶然，其实是必然，其中她不屈不挠、永不放弃、永远追求向上的特质在整个高中求学生涯中起到了关键作用，另外她积极求助于老师也是很多同学可以学习的重要经验。在这里，我祝愿余晨曦同学从高中的这段宝贵经历中能汲取自信，在大学继续积极向上，学业有成！

（周永林老师）

# 我的一点学习心得
## ——来自红安的小山村，我靠刻意练习走向人大

黄冈中学 2022 届高三（1）班 / 张晗培

**档案资料**

姓　　名：张晗培
院校专业：中国人民大学外国语学院
爱　　好：看书、各种球类运动
座 右 铭：求知若饥，虚心若愚；居之无倦，行之以忠
获奖情况：高中曾多次获得"三好学生""优秀共青团员""学习
之星""卓越之星""优秀志愿者"等荣誉称号，获得
2020 全国中学生生物学联赛三等奖、2021 全国中学生创新作文大赛二等奖

我在高三的时候，常常幻想着"明年此日青云去，却笑人间举子忙"。我是在 2022 年那个夏日走完高考长征路的，现在也算是实现了梦想。我很荣幸有这个机会，给仍在奋斗的"举子"们奉上一篇拙作，其中包含我高中三年以来的学习方法、学习习惯以及成长感悟，希望能给大家提供一些帮助和激励。

其实，相对于我们学校极其耀眼的其他学生来说，我不过是一个成绩还算不错的普普通通的人罢了。不过我觉得，每个成绩相对较好的人身上总有一些过人之处，包括他们最深刻、最基本的学习态度。例如，我们班考上北大的班长同学几乎总是"晚到早退"，下课以及放假时间也不会去"内卷"，可是她总是把作业完成得又快又好，对职责内的任务也不会落下，我觉得原因就在于她的时间管理能力和专注力。在其他人感动于自己的学习时长和所谓的勤奋程度的时候，她却能把高三的学习生活安排得有条不紊，并不感到压力和痛苦。这一点我是很羡慕她的。可是，如果你并没有看到她的这一点过人之处，而是在自怨自艾"凭什么我起得比她早睡得比她晚，还考不过她"进而"听天由命"

169

自暴自弃，那么一个本该能让你学到很多的榜样就给你带来了消极的副作用。再如，有一次月考时，我突然听到邻座的同学在用力连续地扇自己耳光，当时把我吓了一大跳。后来我才知道，这是这位同学"头悬梁，锥刺股"的方式，这位同学后来也上了北大。但是我希望大家看到的不是"自虐式学习"，而是对自己的严苛要求和为梦想不顾一切的、忘我的付出精神。举一个我自己的例子。我当时喜欢问问题，有时上课或者做作业的时候突然想到一个问题，我就飞快地把它简要地记在左手手心或者手背上，先自己思考，然后再抓住一切时机向老师请教，有几次甚至写得满手都是，老师看了都哭笑不得。这样做肯定有些"费手"，更建议大家把问题记在本子上，我只是觉得当时充满求知探索精神的自己很棒。因此，我认为无论是什么样的经验分享，重要的在于汲取优秀同学的精神品质，激励自己向他们的学习态度和学习心态看齐。从哲学的角度来讲，要树立形而上的正确的世界观。当然，对他们的一些好的、高效的学习方法，你也不妨根据自己的实际情况加以实践，毕竟"他山之石，可以攻玉"。同时，在正确、积极的学习态度和学习心态的自然引导下，你也能开发并保持一些你自己的独到的学习方法，助自己"更上一层楼"，也许还能够帮助到其他人。这些就是我对于经验分享意义的理解，希望大家能够按照这个理解来阅读我的这篇拙作。

## 一、正心诚意，静待花开

我在初三的时候通过预录考试进入黄高，但是由于种种原因，我越来越跟不上理科预录班的教学，于是便在高一分科的时候选择了历史、政治和生物的组合。整个高一和高二上学期，我都是成绩平平，排在班上二十名左右的位置，但是总体上我对学习还是秉持了一个正心诚意的态度。所谓正心诚意，我认为就是端正学习态度，以一颗虔诚干净的心来对待学习，把学习看成是一个值得自己付出和投入的事业，同时并不太在意一时的得失。我当时比较刻苦，早上来得早，来了就有计划地读书；上课非常积极，积极思考、积极回答问题，紧紧跟着老师；下课会去问问题，自习课也尽力做好规划，全心投入。当然也不至于变成一个书呆子，我和同学相处得也十分愉快。总之，那段时间是非常充实、非常踏实的，没有什么压力，有的是上进的动力，可能当时就是热爱学习，热爱进步。真的，我觉得那段时光是我整个高中生涯中最纯粹、最快乐的日子。如果大家也能找到这样一种状态，我会为你们感到高兴。但是怎么会没有烦恼呢？还记得我当时数学成绩总是很差，最差考过40分。我们数学老师（兼班主任）还做了一个去掉数学成绩的排名表，我居然能够排进年级前五。可是现实中不会去掉数学成绩。我由此得到两个感想：首先，如果说数学存在于高考中的意义真如网上所说是为了筛掉70%的人，那么我为什么要成为被筛掉的部分呢？其次，我看到有的同学在去掉数学成绩后仍然能够排在前列，波动不大，说明他们在学好数学的同时也学好了其他学科，那么我一个只把其他学科学得不错的人又有什么可骄傲的呢？所以，我开始了整个高中努力克服数学短板的历程。整个学习过程其实就是按部就班但又充满活力地度过每一天，发现了问题就去解决，相信"只要思想不滑坡，办法总比问题多"。觉得学累了的时候，我就好好地休息一会儿，养精蓄锐，重启征程。我当时也没有一个"锱铢必较"的目标感，比如一定要考进多少名、考到多少分、考过谁谁谁，就是自己正心诚意，好好学就是了，

网课期间，同学们自发组织"诗词接龙"活动

有问题就及时去弥补。看到自己一点一点取得进步的时候，我心里真是欢喜，而且有一种真正投入生活中的、安安心心成长的感觉。当时我很喜欢一句话："年轻人，你的职责是平整土地，而非焦虑时光。你做三四月的事，在八九月自有答案。"这段默默耕耘、默默沉淀的时光，终于助力我在高二上学期的期末考试中一举考到了班上第三名，并且在后来的重大考试中连续多次地保持在年级前十名的位置。我不断进步，最后在高三上学期考到了年级第二。虽然后来我的成绩也出现波动，但最终在高考中我得到了一个比较满意的答案。以数学建模专业年级第一的成绩毕业于牛津大学的牛津 Kate 朱朱发微博说了这样一句话："世界在前行，而我在修行。"修行，我认为也是对正心诚意的一个非常好的阐释。我希望大家都能在学习时找到修行的状态，在自洽中找到自己的节奏，一步步地前行。总而言之，"正心诚意，静待花开"是我认为的在高中生涯中受益最多，也最想分享给学弟、学妹们的基本的学习心态。

## 二、树立意识，刻意练习

基本的学习心态讲完了，接下来我想跟学弟、学妹们分享几个在学习过程中必须要树立的意识。我认为只有树立了这几个基本意识，我们的学习才不会是"竹篮打水一场空"——看似勤奋实则并没有做出实质性的进步。

首先是问题意识，这里的问题指狭义的学习上碰到的知识性问题。问题意识就是指无论是上课，还是做题，或者读书，研究试卷，都要抱有一颗积极寻找问题的心。拿读书为例，有的同学读书，读了一个又一个早读，但是他们对自己所读的内容也许并没有思考，有的地方可能是只知其然而不知其所以然，导致一做题就会出错，而且会觉得："这个部分我不是读得很熟了吗？怎么做题还是错了呢？"拿上课为例，有的同学听讲，老师讲了这个知识点，那就理解这个知识点，但是他们并没有举一反三的精神，没有打破砂锅学到底的欲望，导致考试稍稍改动一下条件就会出错，并且无法看出不同题目之间的区别和联系。因此，我认为一定要激发自己问问题的动力。你可以准备一个问题本，随时放在手边，记下自己在做题、改错、读书或者上课时遇到的问题。

我之前也不喜欢提出问题，直到有一次，生物老师在讲完一节课的内容后问我："有没有什么问题呀？"我摇头说"没有"。他笑着说："那我来考你一个问题。"结果他说的问题虽然重要且经典常见，我却从来没有自己主动思考过。当时我大受震惊，从此养成了发现问题的习惯。当然，还有一点需要注意，就是"不经三思不求教"，即不经过自己的认真思考就不要去一味地问老师。这一点也是我的亲身经验。发现一个问题，遇到一个不会做的题就着急地跑去问老师，结果老师说："这个不是很简单吗？怎么这一点没想到呢？"自己一看，还真是这样。因此，问题一定得自己思考，能想多少是多少，再和同学交流切磋一番，如果还是不能解决就记下来，等合适的时机去向老师请教。我在经历一番矫正后，最终达到了一个比较理想的状态。举个例子，我读历史书的时候想到一个问题会先记下来，自己尽可能列几条答案，下课后我把自己的问题和思考一并呈现给历史老师，由他再提出修改意见并完善。我认为这样效率最高。只有在这样的过程中，我们才能锻炼思维，巩固所学的知识。

其次是反思总结意识。我习惯于在一些重大时间段的结尾，如月考后、期中考试后，甚至一个星期结束后，或者是感觉自己最近状态非常不好的时候，来做一个总结。总结的内容通常是这一段时间以来的典型学习情况，优劣都有，主要是总结不足。例如，我最近早读不够认真，问题问得少了，自习不能静下心来，和同桌说笑多了，上课容易犯困，哪一科做题不太顺手之类的问题，然后我会批评自己，给出解决方法，或者简单地给自己打打气，跟之前告别。总结完了之后，我又是一个崭新的充满活力的我了。我认为总结要简短有力，太长了浪费时间，而且容易陷入只重理论不重实践，用空话来安慰自己而结果并无进步的困境；太肤浅了则没有力度，不足以达到"洗心革面"的地步。此外，还可以记录一下自己某些学习习惯的效果。比如，我之前总结晚自习去问问题太浪费时间，效率不高，这样大段的时间应该用来沉浸学习思考，问问题可以在课后或者大课间，而且一定要精简典型；比如，总结最近语文每天写一段练笔对自己的作文提升很有帮助，那么接下来就要继续坚持；再比如，这次考得很好，原因在哪里呢？一定要找出来，然后"发扬光大"。有的时候，这个总结不只是由我自己来完成的，还有我的老师。如果一个学科务力了很久还是没有起色，我会去寻求科任老师的帮助。给我留下深刻印象的一个例子是，我常常在问完问题后问历史老师："老师，您觉得我最近学习怎么样？为什么成绩没有提升呢？是不是哪里有问题？"老师自然高瞻远瞩，往往能一针见血地指出我"身在此山中"看不出的漏洞，比如身上的浮躁之气、一些屡教不改的答题陋习。有时候老师也会告诉我：没问题，你做得都很好，这个时候不要急功近利，把一切交给时间，相信自己就好。我的高中老师们都非常好、非常负责，对我很有耐心、很包容，我的成绩离不开他们对我的谆谆教诲和陪伴。苏格拉底曾说，未经审视的生活是不值得过的。我所理解的审视，就是反思，然后不断地改进以求进步。每次合上总结本的时候，我都会默念封面上写的字："凡是过往，皆为序章；继往开来，乘风破浪。"

最后是磨砺自己、走出舒适区的意识。朱光潜先生告诫青年人一定要"走抵抗力最大的那条路"，印第安有句谚语："为了使灵魂安宁，一个人每天都要做两件他不喜欢的事情。"学习是一个不断接受挑战并在挑战中完善自己的过程。如果你做题只做会做的简单题，只做自己擅长的学科的题，在自习的时候给自己安排毫无压力的任务，满足于自己的现状，看得到自己的缺陷和不足却并不想费力气去改变，这样是很难进步的。我当时英语好，数学不好，每次晚自习我都告诉自己，今晚要补数学。真正到了晚自习，我又想着：优势科目也不能落下啊，我先做几篇英语阅读再说。结果，对数学的恐惧和留在舒适区的安逸让我一再退让，不停地刷英语，等到终于心虚地看看时间，晚自习差不过去了，算了算了，再做会儿生物吧，数学等明天一定做。就这样，我的数学在那段时间并没有好起来，我也很难受。之后，我就强迫自己，给自己定任务，比如每天改一张数学卷子的错题，或者做几面必刷题，不允许自己再给自己留退路，告诫自己：先做必须做的事，再做想做的事。跳出舒适区当然是不容易的，但是如果你真的强迫自己做到了，甚至把它养成了一种习惯，回过头来，你会收获一份战胜自我的充实感。你会觉得，我的人生是可以由我自己的意志和行动控制的，我绝不会任由贪图安逸、不思进取的欲望所摆布。良性循环的力量是巨大的，迈出那一步，后面的也就不难了。

光有这些意识还不够，一定要刻意练习，把它们落实到行动中——刻意让自己发现问题，刻意地去反思总结，刻意地遏制住自己想偷懒的欲望，渐渐地养成习惯。刻意练习，我认为和《三体》里的"给岁月以文明，而不是给文明以岁月"这句话有一些相通之处。"刻意"之下，每一天都有了重要意义，你认认真真地审视着自己，审视着流过的时间，格外关注自己的变化和成长，而不是随着太阳东升西落就简简单单地吃饭、睡觉、上课，所以我希望学弟、学妹们不妨养成"刻意练习"的生活态度和学习态度。

## 三、具体方法，择优而取

接下来我想跟大家分享一些具体的学习方法，以学科来分类，大家可以选择一些来进行实践。

### 1. 语文

重视上课听讲，跟随老师一起思考；重视读背和积累，在高一、高二一定要重视平时的早读。语文张老师交给我们早读"十二字秘诀"：挺身端坐，大声快速，读写结合。至于积累，大家可以专门准备一个活页本，在上面分门别类地整理各种素材。素材从哪里来呢？"留心处处皆学问"，如央视那些文化类的综艺，新闻里读到的打动你的事件，各种报纸的新年献词……我建议大家勤练笔，不必一气呵成写一整篇文章，平时在脑海里构思好，

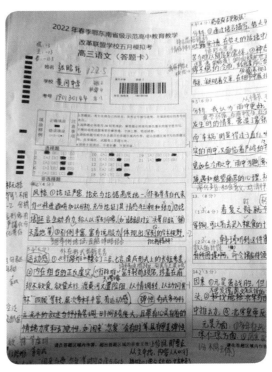

张晗培同学的语文试卷反思改错

然后一天差不多写两段。也可以改自己的作文，把写得不好的地方重点润色一番。还有就是改错。语文改错可不像别的科目的改错，怎么可能去抄题目、写解析再抄答案呢？太浪费时间了。我习惯在试卷上改，用蓝笔写出这个题目的考点、我的错误之处以及要注意的地方，或者我的思考、对这个题的评价，再用红笔写下自己综合了参考答案和老师讲解后得到的答案。对于作文，先自己通读修改，然后找同学交换着读，当然也可以请教老师，当找出自己这篇文章的优劣后，再决定是要重写一遍还是针对个别段落或者字词进行修改。我的高考语文是 133 分，很出乎我的意料，因为我平时也就在 120 分左右徘徊。我觉得，对于语文这一学科来说，持之以恒、踏踏实实、不急功近利的人，最后一定会有一个好结果的。

## 2. 数学

我认为改错题和积累经典题目是很有必要的，而且一定要注重思考和总结，完全地吸收这道题目的营养，能做到举一反三，融会贯通。要复习，不能当时弄清楚了，一段时间过后又忘记了。然后是注意积累。数学积累什么呢？老师经常会给我们总结一些经典的知识点和题型，我们平常在做题过程中发现一些规律，或者自己容易犯的错误，就可以记在本子上。我在高三一年就记了两个本子，平时总会随身携带一个，有空闲的时间就拿出来看。最重要的一点是上课认真听讲。如果老师在讲新课，你要提前预习，上课的时候全神贯注地跟着思考；如果老师是在讲题目，你就跟着老师的思路一点点地往下想，对老师提出的问题都要积极地去思考。还有就是多做题。"一天不练手发生，三天不练头发蒙。"多做一些好的题目能够让你保持手感，越来越熟练，同时能够积累一些新的好用的知识。我的数学不算好，以上几点也是我在恶补数学的时候的心得，希望能对大家有所帮助。

## 3. 英语

英语要多做题、刷试卷，但是每次做完都要认认真真订正、分析、总结每个错题，找出自己错误的根源和典型，然后再进行练习来巩固。遇到重要的生词、短语或者表达，要记得写下来。早读一定要放开读书，培养语感。上课一定要跟上老师，勇于把自己的问题弄懂。英语和语文其实是一样的，语言的精髓就在于积累和运用。

### 4. 历史

除了背书和上课认真听讲、思考等基本功，剩下的就是做题和改错。多找一些题目来做才能开阔自己的视野，知道一个知识点能怎样来考查，才能把做过的题目彼此联系起来，触类旁通。当然，遇到"不讲道理"使自己过于纠结的题目，不妨直接放过。要做题型的总结，如论述类、影响类、原因类等。做主观题的时候要先从材料出发，然后再根据自己总结的答题模板检查是否有遗漏的地方。要学会琢磨出题者的意愿，思考一下出题者究竟想通过这道题考我哪方面的知识或者素养，从而找到应对的方式。一定要注重对主观题的打磨，不断寻找自己作答和高分答案之间的差距，从字迹、知识的熟练程度、思维的全面性、语言的表达能力等方面，不断学习积累，不断成长。

### 5. 生物

俗话说生物是"理科中的文科"，所以一定要好好背书，同时一定要理解所学的知识，弄清楚来龙去脉，多提些问题。我觉得学生物更重要的是加深对重点题目的理解，以及做题时要小心谨慎、有耐心并多加勾画，善于灵活运用所学知识，同时不能有刻板印象，因为在生物学里唯一不例外的就是例外。好好掌握这几个原则，才能拒绝无效刷题。

### 6. 政治

我觉得对政治和历史的学习有很多相似之处。不同点在于政治更加严谨，更有条理，逻辑结构更加严密。因此，我建议大家绘制思维导图，把一个单元、一本书、一个专题的内容串联起来，找到它们的逻辑关系，这样有利于背记和理解。还有就是要关注时政，养成把理论运用到现实中去的能力。做选择题的时候，要尤其注意题干和设问，仔细比较选项间的不同。主观题要注重对经典表达和惯用思路的积累。

以上方法只是我个人认为有用的一些经验，希望能够对大家有所帮助。

"莫忘少年凌云志，曾许天下第一流。"最后，预祝大家学习顺利，生活愉快，我在中国人民大学等你们！

## 点 评

提到张晗培，我就会想起那个总是正能量满满、浑身有使不完劲儿的来自红安的女生。她无比坚毅的眼神和她看起来柔弱娇小的个子形成鲜明的反差。她勤奋自律，每天各个时间节点都是班里最早进班学习的同学之一，并且真正做到"入座即学"。每个读书的时间节点，她都是全班第一个开始大声读书的那个人，成为读背的"发起人"，带着全班开始读背。她积极思考，勤学好问，课上能提出自己的意见和想法，课下带着各种问题奔走在各个办公室。她有个习惯，就是把课堂上遇到的问题随手写到自己左手的手背或手心，以至于她过来找老师时，会伸出写满黑黑的、密密麻麻的字的手翻来覆去地找问题。她乐于分享，周围同学都能感受到她浑身散发出来的追求积极上进的正能量，每次她在班上的交流发言都能让班上所有同学备受鼓舞、振奋人心。她的学习方法也让其他同学深受启发。她还曾经在班上成立英语互助小组，利用自己在英语学习上的优势，花费心力和时间帮助小组其他的同学。虽然她的成绩有过波折，但是所有的经历都是财富，她最终在高考中还是考出了她的真实水平，如愿上了中国人民大学。相信她在新的平台和环境里能展翅高飞，飞得更高更远！

（周永林老师）

# 一个逆袭文科生的心得体会
## ——我对文科爱得深沉，我在文科中学以成人

黄冈中学 2022 届高三（1）班 / 易明瑞

**档案资料**

姓　　名：易明瑞

院校专业：浙江大学社会科学实验班

爱　　好：积极阅读、积极思考、积极行动、积极生活

座 右 铭：坚信生活的美好，保持乐观的态度，要知道革命
　　　　　总是无往不胜的

先做个自我介绍吧，我是一个选了政史地的文科生，能拿得出手的成绩实在寥寥，但从高一的班级二十多名到高三几乎稳定在年级前十，从考 211 高校都困难的成绩到最后考入华东五校之一，回望一下，其中总还是有些话，想与各位唠唠的。

## 一、学会做一个思考的人

各位首先得成为一个有思考能力的人，然后才能更好地做一个有成绩的学生。什么叫思考呢？老师问一个问题，我立马就能回答出来，这就叫作思考吗？其实并不尽然，比方说"一加一等于几"的问题，人人都能脱口而出："等于二。"然而仅仅知道并记住这个答案是不能称为思考的。

所谓思考，应当是一种过程。思考的结果当然重要，但是没有过程，是没有结果的。很遗憾，当我回望自己的高中生活时，我发现重结果、轻过程的浮

躁风气挥之不去，可谓"浮云蔽日，不见长安"。比如说，考前突击背诵结论，但对于这个结论是如何得来的，则既不知道，也不关心。这么做的结果往往并不好看，常常出现自己想就想不到，一看答案便捶胸顿足、恍然大悟的情况。明明该背的也都背了，结论也都知道，可如果独立解题，就会空有一身屠龙技却无处施展，憋屈无比。这就是缺乏思考的症状之一。

让我们拿《共产党宣言》这本书来做例子吧，我相信有志于人类解放事业的有为青年，或多或少都会去读一读这本书。但《共产党宣言》也有两种读法。一种读法是把它当成《圣经》去读，随便拆出一句话，都觉得这句话是神圣不可侵犯、万世不变的真理，并为背下了这句话而沾沾自喜，好像马克思导师不是一个唯物主义者，反倒是什么金口玉言的拉美西斯二世（当时的仆役恭维他，说他的舌头就能产生正义）。这种读书方法颇有点抢劫的意味，看中了什么便拿走什么，看不中的就随手一丢，把完整的思想割裂肢解，无异于把蒙娜丽莎的嘴唇单独裁剪下来拿去展示。这当然是能像稻草人一样装模作样的，可是对于提升思维能力却没有什么帮助。

另一种读书方法则是把《共产党宣言》当成侦探小说来读。读的时候就不断地去想，作者是怎么步步推理，最后断出"真相只有一个"的。这就要求我们把那些论证的环节当成小说里最精彩的推理段落来看，遇到不能够理解的论证去问老师或者查网络，总是有办法解决的。在这种阅读中，我们会逐渐熟悉论证所需要的流程，以及开展论证所需要的思路。在这种阅读方式之下，一方面，因为我们已经知道了这个结论的推理过程，所以哪怕没有把结论背得滚瓜烂熟，也可以推理出正确的答案；而另一方面，由于我们在刻意地锻炼自己论证和推理的能力，在不断从逻辑

易明瑞同学阅读《威尼斯商人》后展开的系列思考

上反复拷打我们的认识，不断逼问自己"为什么是这样"的过程中，我们的思维能力也可以有所进步。这当然不是轻轻松松敲锣打鼓就能做到的，但也绝对不会是赔本的买卖。

除此之外，思维本身就是需要有大量阅读作为基础的：一个人所知越少，他相信的东西就越绝对，思考也就越少，就越迷信于他愿意相信的东西。所以，像上述那样拷打自己的思维，同样可以催人去多多读书，多多了解世界。而多多读书要求我们长时间专注在一件事上，这有利于克服浮躁和急于求成的心理。

这样做的好处在语文里是最直观的：由于适应了阅读完整的文章，我们锻炼了阅读的能力，避免了碎片化阅读"一叶障目，不见泰山"的毛病；由于深入的思考，我们可以把一个老素材翻出新花样（这点尤其重要，考试时可解燃眉之急）；由于广泛的涉猎，在议论文中旁征博引就如同吃饭、喝水一样简单。别人不知道的，你知道，这就是竞争优势。人人都知道的，你比别人更清楚明白，这也是竞争优势。在数学上，这表现为你会别人不会的定理，你对定理的证明过程烂熟于心。在历史上，这表现为你知道更多的历史细节，或者对分析的思路烂熟于心。简而言之，这表现为你对"方法"掌握得越发精湛了。条条大路通罗马，有的人只是记下了某些路该怎么走，而你学会的却是怎样走出一条路来。

## 二、请始终做一个情感丰盈的人，留有一些爱人的能力

我想你也知道，你首先是个人，然后才有学生这个身份。你不仅仅生活在语数英、政史地、理化生的卷子和题目集里，你也有自己的喜怒哀乐，会有牢骚要发，也会有喜悦想分享，这些当然是无可非议的。可是，繁重的学习任务、高强度的竞争压力，这些会让人疲惫，甚至让人崩溃。当发现爱无法变现成分数的时候，我们甚至会对爱的说教产生厌烦，因为这些很"没用"的东西，就像一大堆粉色的气泡一样，梦幻而又空洞。

可是，如果没有一点热爱在，我们又怎么面对第二天的太阳呢？我的印象里，老师都是提倡让我们热爱学习的。可如果一个人连什么是爱都慢慢忘却，对爱本身都感到麻木、疲惫和厌烦，那么又谈何热爱学习呢？这样的人连身边的人都无法热爱。克里夫的"情绪即社会信息"理论表明，情绪是社会影响的最主要来源，而社会影响则直接作用于个人行为。比方说，如果我对某个老师极度厌烦，我就会拒绝接收这个老师发送给我的信息，哪怕此刻这个老师正在讲课，而且讲着一个高频考点。如果老师变成了聒噪的黑乌鸦，同学则是狼子村里预谋着要吃人（卷死别人）的村民，那么整个学习环境想必顿时阴风四起，令人不寒而栗。厌学情绪正是在这种毫无爱可言的环境里滋生的，所以不能不重视。另一方面，共情能力同样是语言学科的必备素养。一个情感迟钝、麻木的人是无法在阅读题里体会到真情实感的：他会觉得这些都是俗套，他们的痛苦俯拾即是，他们的惆怅人皆有之，他们的爱，他们的恨，都只是狂风刮过马孔多时微不可闻的叹息。至于答案的解析，那自然全都只是命题人自作多情的梦呓，而答题就好像在猜谜。而这样，我们写出的答案当然也只会谬以千里。情感干枯之后，我们的确就是这样，对爱过度迟钝，对焦虑过度敏感，心态的崩溃只在一瞬之间。高中三年比拼学习，但同样是心性的较量，那些本是鹏程万里，却在高考前夕心态动摇、功亏一篑的例子，不必我说，老师也会提起。

我不认为我能教会各位同学什么是爱、怎么爱人，我能给出的劝告只有"抱有同情心"。对身边的人多一点同情心，大多数人不是圣人，却也不是罪人。《鼠疫》里说："自以为无所不知，于是便觉得有权杀人。"高中生活里何尝不是这样，被压力和疲惫困扰，这是很痛苦的。不把这种痛苦发泄到其他人身上，抱有同情心，多一点体谅，爱自己，然后爱人如己，不因为疲惫而染上冷漠麻木的"鼠疫"，这就是我认为的寻求内心安宁的办法。

## 三、关于数学大魔王

从这里开始，基本都是一些技巧性的内容了，也就是所谓的"干货"。我的数学可以说很差，最差的时候考过 58 分，但到高三的时候，基本能稳定在 120+ 或者 130+ 左右，可见高中数学也只不过是一只纸老虎。

　　首先是要掌握定理和结论的证明方法。这比记住定理结论本身更有用。比方说，与圆锥曲线相关的结论可以单独出一本书专门记录，单靠死记硬背，不仅极其花费时间，而且容易忘记。除此之外，有些证明题会让你去证明某个你已经知道的结论，这时候其实就是在考查你对证明过程的掌握程度，而这恰恰是拉分项。有些定理看起来吓人，但看过推理过程之后你就会发现，这其实只是很常规的思路。例如，导数里的拉格朗日中值定理看上去很吓人，其实只要用斜率的视角去理解就会变得非常通俗易懂（毕竟高中还不要求严谨的证明，知道来龙去脉即可）。这种对方法的考查很有可能在高考当中出现。高考的时候，你可能遇到题型上完全陌生，从来没有刷到过的题目，但是这些题目采用的方法一定是你在学习中接触过的方法，只是在考场环境里你能否想到，那就是另一回事了。

　　其次是要多做题。虽然我很想找到一种不必做题成绩就能够突飞猛进的武功秘籍，但毕竟还没找到，那就只能下笨功夫了。这里若推荐刷某某辅导书总有打广告之嫌疑，所以我希望各位同学能够理性看待自己的成绩和位次，再确定自己到底是要补基础，还是要冲高分，还是打算学竞赛或者强基计划的题目，千万不要为了争强好胜而硬着头皮刷难题，空中楼阁是造不出的。刷题时一定会遇到难题，怕难怕繁都是很正常的心理。这时候你可以找老师帮忙，进行专题的强化训练突破，刻意练习解题方法。切忌麻木刷题，像机器人一样从白天做到晚上，却疏于整理和反思——麻木刷题只是一种自我安慰。

　　最后是要掌握定义。定义是最基本也是最容易被忽视的东西，很多易错题的坑就是在定义里挖的。最经典的例子就是函数的定义域问题，没有在函数定义域上丢过分的高中生活是不圆满的。再如，复平面里的原点到底算落在实轴还是落在虚轴，线面角的范围是从多少度到多少度，等等，这些都是没什么道理可讲的定义，记得就拿分，不记得就丢分，完全没有技术含量，人人都会，但一定不是人人都对。请在这个问题上务必做到能拿不丢。

　　数学有没有难题？当然有。破除之法无非六个字：不畏难，不怕繁。

## 四、关于文史哲等学科

不要死记硬背！不要死记硬背！不要死记硬背！这点非常重要，非常重要，非常重要！文史哲学科必须有思考，必须要有逻辑和思考能力。

第一是热爱，贯注感情去学习。不要认为热爱是和学习无关的，实际上，正如加缪所言："没有远见卓识就不可能有真正的爱和高尚的善。"以历史学科为例，它不是书上空泛的教条，恰恰相反，它正是这个世界上以前发生过的事情，是人类留下的痕迹。我喜欢在学习历史的过程里去刻意追溯那些痕迹，如学习法国大革命一课的时候，我会去听马赛曲，去找到《自由引导人民》的油画，直到那段岁月绘声绘色地在我眼前重新铺开。再如学习十月革命的时候，我会在放学后一个人哼着《国际歌》的调子回家，又在第二天哼着《国际歌》的调子上学。歌曲和画作，这其中是有精神、有力量在的，这种精神和力量不能写到答题卡上，却能让人坚定而勇敢地面对第二天，并有继续学习下去的动力。放学走路回家的时候，我会把回家的路看作一条延绵的时间轴，把一些地标（如花坛、路灯）看作重要的时间节点，这样学习本身其实就和生活挂钩了。文史哲等人文学科是有温度、有灵魂的，它们就是生活本身。

第二是理解。语文、历史、政治、地理都是需要理解的学科，尽管每个学科里有着细微的差异，但总的来说，无外乎理解清楚概念，掌握分析的方法，知道每一种现象的原因是什么，学会理解材料的逻辑和框架，学会构建自己的知识结构，学会梳理教材的脉络，等等。比如说，学习历史有一个常见的分析模板，那就是从政治、经济、思想文化、军事、社会、外交、人民群众角度去分析原因和影响，经济里又可以深挖出货币、交通、劳动力、生产关系、科学技术、税收制度等方面，货币里又能继续分出纸币和实物货币，纸币里又能分出政府法定的纸币和民间商户自发流通、后来被追认合法性的纸币，后者让人联想到交子，而这就可以和"宋朝商品经济的繁荣"这个知识点联系起来。基于此，如果我发现某地货币使用减少，以物易物的交易增加，我就可以判断该地商品经济的发展受到了阻碍，进而再去分析是什么阻碍了这种发展。上述例子展示的就是知识结构、理解思考和解答题目之间的紧密联系。文史哲科目考查的内容多半披着一层陌生的皮，所以掌握原理就显得尤其重要。

第三是背书。背与查结合，读与写结合。学文科不背书是不现实的，但我们可以改进方法，让背书有更高的效率。背的太大声容易缺氧，会让人只记得自己背书很大声，但背了后面忘了前面。我推荐的做法是，背下来一个部分之后，过三五分钟再回过头来测试一下，下课之后或者中午放学之后再测试一下。比方说，早自习要背五条知识点，就拿个本子记下来，可能下早自习的时候记得五条，但下了第二节课就只记得三条，晚上睡觉前就一条也不记得了；下一个早自习又在重复背这五条知识点，这样效率就很低。因此，应当在背书任务的当天，每隔几个小时就背一遍这五条知识点，这样会记得更牢固，也是更节省时间、不容易遗忘的背书方法。除此之外，有些时候也需要我们把所背诵的内容默写出来，或者至少默写出关键字、关键词，能够串联成一句话或者答题要点。

第四是分条答题，做到条理清晰，层次分明。一般来讲，题目分值的分配是一点两分，按点给分，通常要比分值要求的多答一到两点，但不宜太多。如果答得太多，很可能其中某些内容是重复的，这样不仅浪费时间，而且容易给老师留下不好的印象，造成无形减分。对于怎样处理好要点之间的关系，最简单也最有效的做法是拿着自己的答题卡找老师修改，让老师帮忙看看答案怎么改为宜。在答题规范和答案组织方面，老师毫无疑问是有话语权的。

第五是多看书。高中更看重广博而非精深，看书的时候尽量选择思想彼此冲突的，如看完柏拉图的《理想国》之后就去看尼采的《查拉图斯特拉如是说》，互相碰撞的思想有助于我们不会轻易滑向其中任何一方，从而锻炼思维。当然我们也会遇到不那么看重说理的书籍，如小说、散文或者诗歌集。这时候没必要把看书想得那么庄严肃穆，跟着兴趣走，想读哪里就读哪里，想看什么就看什么，看累了就休息，只要真正有所收获，就不必拘泥于方式或者形式。不要说高中时间紧张没空看书，因为随心所欲地阅读是一种放松，如果我们有时间休息，我们就应当有时间看书。

其实说到这里，经验之类的似乎也分享得差不多了。毕竟每个人都是独特的个体，最适合自己的办法终归还是要从自己的学习生活当中去找的。不过，假如上面那些闲言碎语能够对你们有一点帮助，那也实在是令我开心的事。

最后，祝福各位在校的高中生：如川之方至，以莫不增。愿你们如升起的晨曦，热烈而强壮；如远方的群山，宁静而清明。你们的路很短也很长，一路留心，这三年便会灿若流星。

## 点 评

"如果我们选择了最能为人类幸福而劳动的事业，那么重担就不能把我们压垮"，这是易明瑞同学在高中阶段无数次上学校光荣榜的个人人生格言。作为老师，我第一次看到榜上易明瑞同学的照片和人生格言，便被他在十几岁年纪便有这种以天下为己任的思想格局而深深折服。易明瑞同学从初中就开始看《共产党宣言》，每次班级发言都展现出对党无比的热爱和自豪，对国家和人民深深的使命感，对人类命运共同体的无比关切。这正是我们这个时代、这个国家最需要培养的热血青年的样子。这些情怀也是他高中学习最大的精神动力，他在学习上刻苦钻研，积极向老师请教，和同学探讨问题；作为班上的团支书，他经常在班上发言表达自己的思想，这些发言所蕴含的思想高度，也折服和引领着班级同学。虽然他的高考略有遗憾，没有考出自己的最佳水平，但是相信他的阅读积累、他的刻苦学习的精神、他的人文素养和视野，以及他对党和人民的使命感和责任感，会让他在大学里更加如鱼得水，在能力和思想上得到更大的提升和进步！加油，时代好青年！

（周永林老师）

# 高中学习漫谈
## ——谁说女生学不好理科？

黄冈中学 2021 届高三（8）班 / 董沛莹

**档案资料**

姓　　名：董沛莹
院校专业：北京大学医学部基础医学八年制
爱　　好：绘画
座 右 铭：得偿所愿，不虚此行

　　很高兴可以借这次撰稿的机会，回忆一下我在黄冈中学的高中生活，但愿能给学弟、学妹们以一定的思考和启发。

　　我目前正在北京大学医学部就读，是 2021 级基础医学的大二学生。回想读高中时，我是一个并不起眼的高中生。我不善于交际和表现，不认识太多的人，也几乎没有什么朋友。在别人看来，我大概是一个内向规矩的女生，最多由于我的成绩不错，另添上一笔"勤奋"的印象。你们总能在每个高中的每个班级里看见这种人的影子，或许你们能想到自己身边这样的人，或许你们自己就是这样的人。我没有什么出众之处，没有格外出色的科目，没有讨人喜欢的性格，我就是这样的人，我渐渐接受并努力变得更好。

## 一、高中生活：抉择与感恩

在黄高，我度过了充实而丰富的三年。

入学时，我是班上倒数第二，因为我所在的红安县的分数线比其他地区都要低，我才有幸在黄高就读；我被预先录取，提前进入高中学习。在预录班时，大家都怀抱着进入竞赛班的希望，做着试卷上用来选拔的附加题，当然我也是，然而我没能进九班，毕竟我在初中时从未进行过竞赛题目的训练。后来，年级依据月考和期中、期末的成绩筛选参加强基培训的同学，我的成绩也差了一截。同时，我的性格内向沉闷，难得有一次我鼓起勇气竞选班级的文艺委员，期望能让自己会画画的长处在班上派上一点用场，但最终票数也没能超过另一位同学，从此极少主动参与班级组织的活动。偶尔需要站在讲台上发言，我也表现得语无伦次，手脚发软。有一段时间，我想到这些丢人的事恨不得以头抢地。

一开始迈入高中生活的时候，我有些分心，并未专注于学习，以致宝贵的时光从指缝中流走。那时课程简单，时间宽裕，高考的压力不会担在高一学生的肩上。亲戚看我正在上高中，就会安慰地说："熬过高中，等到上大学就好了。"那时的我会感到不满，因为我并未觉得我是在"熬"日子，我觉得我过得虽不算轻松，但也不累。老师布置的作业不算很多，休息的时间也不少。学校时不时会组织一些活动，如运动会、春游。偶尔考试完毕后，我们会用自习的时间看电影。隐约记得还有一些日常的班级教歌和观看励志视频的放松时刻。

高二时暴发了疫情。那时我第一次接触网课，能自由接触到电子设备，常常自己一个人处于一个单独的空间，缺乏学校老师的监督，我偷偷看起了小说、漫画。当然由于学生角色的约束，我仍然能按时完成老师布置的任务。

之后终于返回了校园，在最紧张的日子里有老师、同学的陪伴，我认真学习，度过了最后的高中生活。

这么看来，我很幸运，高中三年里并未遇到很大的挫折，少有的几次纠结只是出现在做出重要抉择的时候。在高中三年这个逐渐走向成人的阶段，我们要学会自己做出选择，并为自己的选择负责，如在哪所高中就读、是否参与特优班的选拔、高考分科时的选择，还有高考之后大学与专业的填报。我的家人一直都尊重我的选择，因此这几项重要选择的做出，都完全出于我个人的考虑。

我追求更好的学习环境和资源，因此我毫不犹豫地选择了黄高，选择了特优班八班。在初三时，有同学考得比我好，却选择在本地的县一中就读。我也想过，如果留在特优班，高考组合就只能选择物化生，有些同学觉得化学太难，便选择放弃化学而去选学地理。做选择时，我的化学也不算好，甚至很近的一次考过班级倒数，但我相信在日后我可以学好。或许有人因为在更好的环境会面临更大的压力而放弃，每个人都不一样，或许这样的选择更契合他们对未来的期望，但如果是要追求更高的高考分数，我相信我做出了正确的选择。同样的心态也让我在填报高考志愿时选择了进入北大医学部。

不要太过担心在一个更好的环境中，老师会过分苛责你。我不否认，高中时很注重分数，但我始终认为，黄高与我高中所在的班级、我现在的大学的诸多做法和安排都十分人性化，他们一直在帮助你成为更好的自己。

在我的人生中重要的三年，一千多个日日夜夜，绝大部分时间在黄高——我的母校度过。我记得仰望广阔的天空时，朝霞或晚霞笼罩着教学楼和操场。桂花、玉兰在教学楼边开放，凝晖楼、临湘楼围绕着广场伫立。学校的面积广阔，设施齐全；老师都认真负责，不辞辛劳。我很感激我的母校、我的老师和我的同学。我很幸运能够考入黄高，继而进入八班，身边有很多优秀的同学，他们在许多方面远胜于我。当你身边的人都在做与你同样的事，都一样努力，你便不会觉得自己的付出辛苦。有人在下课时间几乎总是在做题，这也会倒逼你变得更加努力，进而更加优秀。我可以说，如果没有在黄高、如果没有黄高的老师与同学，我绝对无法取得这样的高考成绩。我衷心地感谢参与了我的高中生活的他们。

## 二、学习经历：钝感与稳定

考虑到读者或许会对我这样的人如何考入北京大学感到好奇，我有必要向读者诸君汇报一下高中三年我的学习情况。我有一些担忧——在文中不停地提到成绩会不会引读者生厌，但可惜成绩像丝线，被细细密密织进高中生活里，

实在难以将其抽离。

像我这样的人也能考进北大——我有时会上课"摸鱼",常常犯懒完不成自己的学习计划,也常常遇到不会做的题目,也会在周末玩一会儿手机……所以我想大可不必觉得顶尖的分数可望而不可即,因为其实并不需要做到完美,并不需要在一时的放松后,感到自己被别人甩到后面而太过焦虑,毕竟那个"别人"也不是一直不会松懈的,只需要尽量认真做好分内的事,如听讲、做笔记、做作业,然后尽量抓紧时间查漏补缺;我并没有因自己没有学习的天赋而感到挫败,其实大部分人能靠努力掌握高中大部分的知识,至少在学习这方面,确实是一分耕耘一分收获的。

高一时,我的成绩维持在年级 100 名到 150 名,班级三四十名,处在班级中位与中等偏下的位次。尽管现在描述起来似乎让人沮丧,但我从没陷入抑郁的情绪,我觉得一切都还好。这种感觉有人称之为"迟钝",也有人称之为"钝感力",我相信我的成绩并不算差。高一时我在明信片上写下"希望考入复旦大学,希望高考能考到 675 分"。

大概在网课后期到返校时那一段时间,我的成绩有了明显的提升。这不是因为我在那段时间突然发愤图强,而是逐渐地有了进步。考虑到那是网课期间,可能有一部分原因是我的懈怠比别人少一些吧。

我第一次考进年级三四十名时,老师大概觉得这是一次偶然发挥良好,他为我感到高兴,但并不觉得这会是一种常态。我不这么觉得,对我而言,我的水平是稳定的,我相信我有这样的水平,并且我在之后证明了自己。之后就进入了一种良性循环,我因为考试成绩优异得到激励,继而追求更高的分数。我的成绩稳定在年级前三十,后来在高考中取得了 683 分的好成绩。我想从未有人预料到我能在高考中取得这样的成绩,甚至包括我自己。高中的最后一次考试,我第一次考进年级前五,第一次考到班上第一。看到成绩时,只兴奋片刻,我便尘埃落定般松了一口气,平静的情绪站上风。因为没有意外,每一科的成绩都在预料之内,虽然物理成绩比我预估的低了几分,但稳定的发挥取得了超常的排名,这才是让我惊讶的部分。我猜想,或许这种"没有意外的稳定"在高考中也称得上一种超常吧。

## 三、学习经验：平和与稳定

如果说我的一些优势让我取得优秀成绩，那么我想发挥稳定可以作为重要的一项。发挥稳定取决于对知识的掌握与心态。知识没学到位，考试结果只能取决于运气；心态不稳，就常常有"这题我本来会做的"之叹。

在之前的描述中，大家应该能看出我是一个心态平稳的人。我不会过于焦虑，我的心情很容易平复，几乎都是处于平和状态。

在高三下学期，我听见一位同学说现在知识都掌握得差不多了，影响小测试成绩的只是心情而已。我很不赞同，因为我认为真正优秀的同学能解出一道题，这与他们当时的心情没有根本联系，或者说我认为优秀的同学会调节心情，不让心情影响自己解题。影响分数的既然不只是知识水平，那么高考考的也不只有知识，所以我是不是能认为这位同学对高考做的准备并不充分，漏了"心态"这个考点呢？

高中时很长一段时间，每周每个科目都会有一次考试，这是一种很好的安排。我们可以借助这种考试，测评一下自己最近每个科目的水平，适应一下考试的流程，找到最适合自己的每个科目的做题时间安排，找到最适合自己的调节方式，熟悉考题。我想能保持我的心态稳定很大部分归功于考试的"常态化"，以至于在高考的时候，尽管我有些许紧张，但看见试卷上的试题——大部分的题十分熟悉，我就很快地平静下来。

我一向善于安慰自己。考试的时候，看见自己会做的题目，我就会想这题稳了；看见不会的题目，我就觉得能做出来的人也不多；当试卷题目偏简单时，我觉得这次考试很轻松，只要认真检查，不用费心思考到额头发烫；当试卷题目偏难时，就尽量去做好了，反正大家都做这么一套卷子。

这种安慰听起来与自我欺骗有些类似，所以得划清界限，而这全得靠自己去认清自己，客观地看待。自我欺骗容易使人自满、错估自己的能力，过高地认识自己更容易受到打击，让人心态崩溃。

我想，高考之所以容易使人紧张，是因为它太过重要了——一次考试决定了我们之后几年何去何从，对我们之后人生的走向也有很大的影响。但我想，

即便是有些微的失误，也不至于跌入深渊。考试时，我的心理预期大约是年级前三十，估计上复旦或是上海交大的样子；就算发挥失常，保底也能去武大华科——其实那也是不错的学校，想到这里，心里就不会那么紧张了。而且，之后还有考研和考博，到时也是有机会去上梦想的大学的。

我取得高分的诀窍还有一点，那就是我十分重视科目间的平衡。我的高考成绩中各科都不算顶尖，但都还不错，因此总分也还不错。

高考科目有六科，像我这样各科成绩都不顶尖的同学，没有办法靠优异的单科成绩胜过别人，只能追求六科分数都保持在一个较好的范畴，这样才能在总分上超过别人。我认为较好的范畴大概是每科只被单科第一甩下最多8分。而我之所以能做到这一点，是因为我一直尽量更好地"把时间用在刀刃上"——尽可能做最有效的工作，也就是更快提高分数。这听起来有些功利，但这是高三学生的本职工作。我的复习顺序：先是最差的科目，再是其他科目；先是基础的板块，再是较难的板块。对基础的题目，我尽量做到滴水不漏；对很难的知识点，我追求的只是"较好"。例如，数学的导数题满分12分，我能靠过程得到七八分；语文的作文，我的文笔很差，但作文分数也能保持在50分左右。这样较弱势的方面也不会太影响总分。

我想再谈谈我如何度过高考前的复习阶段。高中三年，我一直以完成老师布置的任务为主。在高二和高三时，我针对自己的薄弱之处做了额外的整理和练习。我想我做的练习总量估计是一个平均水平，做的题目也是同学们都在做的常见题目，如《必刷题》《五三》《试题调研》，当然不必全买，买了也不必全做，因为不同科目的老师也会推荐适合大家做的书。

## 四、学习方法：踏实与平衡

在学习方法方面，我基本上就是跟着老师走，不会太急功近利，而是一步一个脚印。我几乎没有主动提前预习过后面的内容。每个科目我都会将其划分为不同板块，然后按照每个板块的掌握水平的高低投入不同的精力。语文和英语的板块较少，就是考试中的几种题型，各个板块相对平衡，只要跟着老师复习就好。对语文，我会对文言句式与作文素材进行整理；对英语则另外抽时间做一些单词与句式的整理。对数理化生等理科科目，就是做题目，然后理解题目，建议按板块集中练习。

错题本、各种知识点整理与课本就是最终考试前的复习资料，另外顶多做一些题目练手，不必做难题，小心打击到那时已经很紧张的神经。

这么听起来，我的学习方法实在普通，但正是这样的方法才适合我。有句老话，"适合自己的才是最好的"，学习方法也是这样，所以我的经验仅供参考。我想，正因为这种方法普通，却也是适合大多数人的。

## 五、最后的话

我的记性不算太好，高中毕业一年了，对从前的许多细节已经忘却。海浪冲刷沙滩，抚平了痕迹，珍贵的回忆像贝壳一样闪闪发光。期望后来的学子，也能拥有一段无悔的青春岁月，在三年里积累沉淀、学习知识，走向更成熟的自己，走向所期待的未来。

### 点 评

董沛莹同学一直是个很真实的人，不喜欢夸大其词，更不会弄虚作假，她所说的一切都是可信的。她一直心态平和，波澜不惊，难得的稳定和老成，简直让人惊叹。她是励志的典范，成绩不是特别拔尖，但是非常稳定，没有什么创新之举，完全跟着老师的步调来，可谓步步为营，学完之后总能颗粒归仓。我本人是语文老师，她总是喜欢找我分析作文，然后根据我的建议去提升，从不懈怠。在刚预录进校时，她曾因偷看所谓的"闲书""杂书"而被我发现，她找我承认错误并求情，希望我不要告诉当时的班主任。没成想，她后来进了我所带的"特优班"（或叫"清北班"），我也一直信守承诺，从此只字不提。她也很懂得感恩，毕业后专门为每个老师单独画像和留言。此外，她设计的班徽很有创意，深得班级师生信服，虽然她习惯平凡和低调，参与的班级活动不多，却给我留下了最深刻的印象。

（彭北海老师）

# 吹灭读书灯，一身都是月
## ——艰难困苦，玉汝于成

黄冈中学 2018 届高三学生 / 卢　展

**档案资料**

| | |
|---|---|
| 姓　　名： | 卢　展 |
| 院校专业： | 清华大学新雅书院 |
| 爱　　好： | 羽毛球、看书 |
| 座 右 铭： | 身后有余忘缩手，眼前无路想回头 |
| 获奖情况： | 湖北省高中物理联赛省二等奖、创新英语华中赛区一等奖、全国中学生英语能力竞赛全国二等奖 |

考上清华、北大，听起来是一件多么遥不可及的事。当你埋头于书本，忘却外物的干扰，一心只读圣贤书的时候，你是否想过：这样下去真的能考上清北吗？做任何事情都避不开一件事：技巧。爱迪生说："天才就是 1% 的灵感加上 99% 的汗水，但那 1% 的灵感是最重要的，甚至比那 99% 的汗水都要重要。"在这篇文章中，我想就高中学习的技巧以及学习的心态这两个方面针对各个学科的特点谈谈自己的粗浅看法。

## 一、心态

高中的学习心态方面要注重两点。第一点是要有学习的原动力，这也是持续高效努力的必要因素。爱迪生是一个特别注重灵感的人，之所以会这样，是因为他的基础物理与数学学习得不够扎实，才会需要上千次的实验来发明新的事物。事实上，如果你的理论知识足够丰富，可以减少 90% 完全不必要的实验。身为一个天才，爱迪生背后的团队做出的努力远大于他本人。我们不是天才，在高中的学习生活中一定要努力。努力最害怕的便是枯燥，日复一日地刷题、改错、总结，许多人就是在这样的循环之中消磨了意志，进而变得不思进取，饱食终日。要想时刻高效率努力，你就必须得有努力的原动力。我有段时间意志消沉，受够了在学校里的囚徒般的生活，成绩一次次地往下跌。幸运的是，在一次游学活动中，我游览了清华，向往之情油然而生，从而为我接下来的学习提供了原动力，这也是我能持续高效努力的重要原因。第二点则可以用金庸先生在《倚天屠龙记》中的几句诗来概括："他强由他强，清风拂山冈。他横任他横，明月照大江。"用在这里，我是想告诉读者，人外有人，天外有天，不要想着胜过所有人。知乎上有个段子："根据北大不收敛定理，如果你的专业是 A，兴趣是 B，那么在北大里必然有一个人 A、B 都强于你；清华亦然。"看似笑谈，实则是社会的真实写照。如果你一直想着超过别人，一定会陷入死循环：有时候明明比别人更努力，但成绩就是比不过别人，这种心理会让人堕入深渊。刚上学时，我也曾如此恐慌，就算是拿到第一名，也随时害怕会失去。刚开始我并没有真正地醉心于学识，而是为了争夺第一而惶惶不可终日，不久我就碰到了瓶颈。怀着一颗诚惶诚恐的心是没有办法平静下来的，沉下心来不对成绩太过理睬，做好老师安排的，成绩自然会有所提升。保持心态的前提是保证休息与睡眠，切忌疲劳战。

## 二、技巧

### 1. 语文

高中最"玄"的科目就是语文了，明明觉得自己做得不错，最后出来的分数还是不理想，于是很多人就放弃了语文，任其自生自灭了。其实类似于其他的学科，语文的套路也是有迹可循的。像现代文阅读，随着做题量的提升，答题的套路会渐渐清晰地呈现在你的眼前。只要你用心坚持，到了高三现代文阅读对于你来说根本不是问题。经过两年的摸索，我的看法是，语文最拉分的板块是古文阅读（包括古诗和文言文阅读），这一部分对于语感的要求极高。语感是十分玄乎的东西，需要长年累月的阅读才能培养一定的语感。在高中我们显然没有太多的时间，那么只能寻找捷径——通过大量的练习来提高。这个练习并不是让你刷试卷，而是针对训练，即针对这一个板块进行强化训练。我推荐的方法是：专门准备一个翻译本，找到整篇文言文（一般从《二十四史》里面选择名篇）中比较难的段落进行翻译，译完之后对照标准翻译进行修改，顺便对文中的疑难词句进行摘抄与记录，整理成册，到高三快结束的时候专门进行复习。

## 2. 数学

高斯有句名言："数学是科学的皇后。"高考中数学有着举足轻重的地位，考试时间也设置得不偏不倚——第一天的下午，考好了数学，第二天的综合和英语就有更大的可能性发挥出自己的正常水平。因此，我们有充足的理由学好数学。行胜于言，那么怎样才能学好数学呢？首先有一个看似非常笨的办法——刷题，题海战术对于理科生来说是不可避免的。刷题十分消耗时间，切忌盲目做题。我们一般通过小型考试来找到自己的弱项，然后通过大量刷题进行专项突破。我们需要攻克的是死角，而不是泛化的。其次，错题本和归纳本是必不可少的。只有发现自己的错误，然后反思并从中总结，才能有所提升，你的数学能力才能上一个大台阶。最后，要动脑筋。数学是需要思维的学科。高中有很多同学是在用肌肉而非用大脑做题，最后的结果自然不尽如人意。这是不动脑的结果，看似在努力，实则在偷懒。

## 3. 英语

作为一个理科生，我的英语算是自己的一个优势科目。何为优势？不在这个科目上用额外时间，只要完成老师课内布置的任务即可。虽说不浪费自习课的时间，但是我在课外用了许多时间来弥补。这里首推新概念英语系列丛书，或根据自己的英语水平选择适合自己的教材，查阅、背诵上面的课文，直到出口成章、培养出自己的语感，做英语阅读就毫不费力了。当然，如果你觉得还不够，可以适量地做一些试卷来保持自己的手感。当然这里之所以强调适量，是因为题目做多了感觉反而会消失，取而代之的是一股莫名的烦躁，这种烦躁会搅乱你的做题状态，甚至让你都没有办法完整地看完一篇阅读。有一次临近暑假，老师给我们布置的假期作业是做完二十套英语试卷。在期末考完还没放假的那几天里，我疯狂地做英语（为的是暑假能干点别的事情），差不多保持着平均 25 分钟完成一套试卷的速度，刚开始正确率挺高的，而后正确率急剧下降，到最后我都不敢相信这是我做的……

## 4. 理化生

本人是理科生，对于理化生有一些自己不成熟的看法与建议，在这里跟大家分享。首先，物理、化学、生物都是在理解的基础上进行记忆的课程，不同之处在于三者的侧重点。于是拥有不同天赋的人的理科优势也就不同，但可偏不可废，在自己的优势上面要尽情地发挥，而在弱势上面要尽自己最大的努力去拿分。其次，便是平时刷题的侧重点。个人认为，高一、高二刷题应以物理为主，培养好自己的物理思维；高三就不用费很大的力气，但还是得保持一定的量以维持思维高度活跃。但此时刷题的重心发生转移，化学成了横在你面前的最大难关。细化的知识点、烦琐的纲领，一切都会让你觉得措手不及。化学很可能会成为你的短板。这个时候，题量就显得非常重要，见过的题越多，你做题的把握也就越大，也就能越快上手。生物的刷题则贯穿了整个高中，刷题量年年基本保持不变。刷题就是为了温习知识点，让题目做得更快更准。最后，就是困扰了许多人的问题：做题顺序。这个问题见仁见智，适合自己的才是最好的，但必须遵守一个原则：会做不错。做题时要不骄不躁，心平气和，因为一旦急躁，错误率势必会提高，表面上速度提高，实则得不偿失。

拥有好的学习方法，不做或尽量少做无用功，你才有机会成为人上人。加油，我在清华等你来！

## 点 评

　　艰难困苦，玉汝于成，所有成绩的背后一定都有不辞辛劳的付出。卢展同学从进校开始，就似乎和大家有点"不一样"，因为同学们很少看到他课间上厕所。他早上一般都是早早来到教室，中午也总是吃完饭就回教室学习。他总是把时间安排得满满的，利用得好好的。会当凌绝顶，一览众山小。很多人习惯了匆忙赶路，却忘了来时的方向。卢展最初也和很多同学一样，忙于各种刷题，急于守住第一，却忽视了将知识点理解通透才是最重要的，学习习惯固化才是最致命的。直到成绩波动太大，心态近乎崩溃，他才蓦然回首，明白自己追错了方向。路漫漫其修远兮，吾将上下而求索。时间的车轮总是在前进，人生的道路总是在绵延，一时的成功不能算成功。每个阶段人都会面临新的问题，希望卢展和所有同学都能不忘初心，不念过往，不惧未来，勇往直前。

（秦鹏老师）

# 适合自己，才为最好
## ——爱好丰富的我如何度过高中三年

黄冈中学 2018 届高三学生 / 曾杰林

**档案资料**

姓　　名：曾杰林

院校专业：清华大学机械工程系

爱　　好：足球、电音

座 右 铭：海纳百川，有容乃大

## 一、高中拾忆

那年的夏天，炎炎烈日下，我背负着全家人的希望来到了黄冈中学，开始了我高中三年的学习生活。如今回顾这个开端，对比现在的自己，才发现高中三年的学习生活对我的改变是如此之大。当我接到班主任杨老师的通知要我写一篇心得体会时，我的内心是惶恐不安的，因为在我高中三年的学习中，有太多东西是不值得学弟、学妹们借鉴的，不过后来我觉得也许可以提醒那些和我有相同情况的学弟、学妹们注意到这些问题并少走弯路。

仍记得那个十五岁极度中二的我，天天想象自己背负各种主角光环拯救世界，这直接导致了许多课上我都在云游太虚，尤其是英语、语文、生物课。同时我还练就了一手一边睁眼做梦，一边随着老师节奏机械性点头的本领。这种上课状态持续了近一年半。在这一年半里，我在课上学到的都是特别零散的东西，基本都无法理解，以至每次期中、期末考试的时候都会出现传说中"这道题我依稀记得老师讲过，但我清楚地记得我当时没认真听"的情况。为此，高二下学期的时候，我借来班上一些优秀同学的笔记本，尽力去理解老师曾经讲过的知识点，对实在无法理解的东西就拿去办公室找老师答疑。在这个过程中，我发现当你更多地去办公室找老师交流之后，老师也会更多地在课上和课下关注你，给予你帮助。

进入高三以后，就是另外一种学习状态了。上课的时候老师讲得越来越快，你走一会儿神可能就再也跟不上了；课下需要完成的卷子也越来越多，但你必须针对自己的情况再额外去补充一些题目；考试的次数越来越多，你也不能像以前那样因为一次考试焦虑或者高兴许久。到了高三，你要学会把成绩和排名看得淡一些，学校用心良苦地给我们组织那么多考试，并不是为了时刻提醒我们是多少名，而是希望我们能在一次次的考试中不断发现自己的问题——可以具体到科目上某些章节的问题，也可以是自己考试时心态的问题。这些东西班主任上课一定会讲到，只要你用心，都能得到解决。

## 二、学科学习建议

简要说完了自己高中三年的学习经历后，我想和大家分享一些经过我高中观察之后得出的学习和考试上具体的经验。

首先是学科上侧重点的问题。这三年下来，我发现高一的时候成绩顶尖的那一批人到了高三就不一定那么优秀了，相反，一些高一、高二成绩中上游、稍有偏科的理科男往往能够登顶。我个人觉得这和他们的学科侧重点有关。我读高中的时候，班上有几个各科都很优秀、物理稍差的女生，她们在高一、高二大考的时候总能名列前茅，到了高三以后便出现了不同程度下滑，有的甚至会掉得很远。说到底，她们的语数英依然强势，但是高三之后，她们在物理这一科上和其他人的差距会被突然放大，因为物理是决定理化生上限的一门学科。我在这里仅提出一些我的见解。理科里的三门，化学、生物的许多知识是需要记忆的东西，要求理解的章节偏少，这样的两门科目可以在高三花上一段时间苦背，从而取得不小的突破；而物理就不一样了，很难在一段时间里取得很大的突破，只能说理解个别章节而已。况且对物理这门科目，理解通透之后再做题会快且稳很多，因为你可以从非常规角度看一些题目，这对于考试有莫大的帮助。因此，我希望学弟、学妹们一定要在高一、高二学物理的时候全力以赴，多花时间，不能光靠着一些解题套路勉强度日，要充分地理解每一种解题方法。

其次，就是不要总怀疑自己。有些人整天担心高考突然失误了怎么办，自己学不好某一科目是不是因为智商不够，老师从不找我谈话是不是对我失去了信心……其实说到底还是在怀疑自己，每天花时间想这些问题对自己没有丝毫益处，因为你再怎么思考都不会得到一个令自己满意的答案，反而会越陷越深。倒不如花这些时间背背书，做做题目，干些实事。我们在高中三年的学习生活中可以不那么自信，但是一定不能经常怀疑自己。

调整好心态是一个老生常谈的话题，用我们高中班主任杨老师的一句话来说就是"不患得患失"。这五个字说出来容易，可身体力行又何其难，更多的时候需要自己调整以及父母和老师们的帮助。

下面我来说一说具体各科的学习心得。

我认为语文、英语都是积累性科目。冰冻三尺，非一日之寒。想要短时间内一蹴而就，取得大的提高是不切实际的，需要长时间积累成语、作文素材、单词、语法等，形成良好的功底和语感。英语听力题很容易被忽视，平时自己可以抽出时间找一些题目练一练。另外，练一手好字会为你的卷面增色不少。

数学、物理的知识点、解题技巧等皆是一环扣一环的，在学习新课时切忌拖欠，以免形成恶性循环；一定要及时搞懂所学的内容，打下扎实的基础，并加大练习量，才能在遇到新、难题型时做到游刃有余。

化学、生物相对来说需要背、记的东西较多，可以抽出一些睡前、饭后的时间读读课本、笔记以加深印象；平时不要疏忽每一个细节，很多小知识点是"牵一发而动全身"的，要做到深入理解、融会贯通。

另外，各科皆要重视课本，不要舍本逐末。辅导资料等多而乱，挑选出适合自己的几本之后适当练习即可，要记住课本才是知识、题目的根源。重视改错，重视效率，不要做无用功。

## 三、养成与学习相平衡的生活习惯和锻炼习惯

或许影响高考的更多的是高中三年的学习情况，但三年的生活方式和生活习惯也在一定程度上影响着最后的结局，而且我觉得生活方面的东西对你后面的影响更大。

我觉得高一、高二的时候，学习可能并不是你日常生活的全部。也许你追番、打游戏，或者追星，这些充斥在你生活中的元素与学习达成一种平衡。我相信大多数学生都是这样过来的，这两年的大考都是对你那一阶段平衡的考验。如果考得好，说明你对学习生活的平衡做得还不错；如果考得不尽如人意，那么或许应该调整自己的学习生活方式。我在高一的时候也和大多数男生一样喜欢打篮球，其实这倒不是因为篮球本身多么有趣，对我而言有小伙伴一起聚一聚、开开玩笑就很有意思，想让我在周六晚上学习是很难的。我认为在掌握度的情况下，应该让自己的高中生活变得丰富起来，这些活动可以极大地提高与人相处的能力，比坐在教室里看书要好得多。

此外，我觉得体育锻炼也应当是生活中必需的一部分。我们清华有句话叫作"为祖国健康工作五十年"，正是建立在持续不断的锻炼上的。当然，并不是人人都有那么高的觉悟，我也没有。但是我们不说"为祖国健康工作五十年"，起码得要保证自己有一个健康的身体，一个能够扛住高三高压学习的身体。这不是跑几次步、拉几次单杠就能够完成的事情，需要长久以来的规律作息、持久锻炼。我建议身体协调性好的同学可以多打球、踢球，身体协调性不好的同学可以考虑跑步。其实跑步这项运动也是很有意思的，你跑多了就会发现它的乐趣所在。况且，锻炼对于人的益处是长久的，可以持续到大学，甚至可以持续到工作。

## 四、适合自己，才为最好

高中三年到底怎么过取决于我们自己，学长们的建议仅仅是一种参考，大家找到适合自己的节奏即可。

## 点 评

　　曾杰林同学大方活泼，质朴好学，乐观自信，与人为善，眼睛常能放出喜悦的光来。他不是一个只知道学习的学生，课后闲暇时间热爱运动。学习上有计划、有章法，课堂上能快速静下心来，快速进入思考状态。他平常在班上并不特别引人注目，成绩属于中档偏上，能稳扎稳打，稳步推进，跟上老师的节奏。高三后期随着学习压力的加大，他的心态也出现了很大的波动，甚至打过退堂鼓，在离高考只剩一两个月时，其心态近乎崩溃，想要复读。好在后来在我和家长的共同帮助下他挺了过来，解开心结，轻装上阵，全力冲刺，最终以高考690分的优异成绩顺利考入清华，考出了他高中以来的最好水平。

（杨开泰老师）

# 拿下高考，再谈人生

## ——我在高考之中体悟人生

黄冈中学 2018 届高三学生 / 王 振

**档案资料**

姓　　名：王 振
院校专业：清华大学经济管理学院
爱　　好：看书、电影、跑步、番剧
座 右 铭：听从你心，无问西东
获奖情况：全国高中数学联赛湖北省三等奖

身处高中的各位学弟、学妹对于即将到来的高考可能会感到迷茫、焦虑、恐惧。而作为过来人的我，希望能将自己的经验分享给大家，给大家在高中的学习和生活带去一些启发。

## 一、泛舟于海，唯有勤苦可渡

韩愈曾言道："书山有路勤为径，学海无涯苦作舟"，这正是给求学者的金玉良言，对备战高考的同学们也同样适用。要知道，尽管考纲要求的知识点的数目是明确的，但对于同学们来说，知识本身犹如汪洋大海，壮阔而无边际；又好似巍峨高山，险奇而无坦途。

面对这种情况，我们就更应该从点点滴滴开始做起，日积月累，凭借自己勤奋的努力和吃苦耐劳的精神赢得自己想要的结果。我自认为不是勤奋的人，没有底气表示"盖余之勤且艰若此"，但我的高中也绝不是浑浑噩噩地度

过的。

和大家分享一件小事：我在高中的时候有一个语文笔记本，这个笔记本是我在文具店精挑细选了好久才买下的，我还郑重地给它取名为"拾贝集"，取意"博海拾贝"。我按照当时高考的要求分类，收录了很多成语、病句范例、答题模板等，我甚至会给每个部分取上一个名字，譬如"成语の海""改错为对"等。除此之外，我还有一个摘抄本，在里面抄录了许多我喜欢的文字。

这两个本子也许确实不如刷题对提高成绩的帮助来得快，但是每当我轻轻翻动纸张的时候，看到自己的字迹，心里满满的都是踏实感。我所记载的内容都是我认认真真抄录上去的，即便翻到了我忘记的东西，也不会有紧张的情绪，而是有着捡漏的欣喜。

以上是我举的一个很小的例子，我其实是想告诉大家，尽管学习确实需要付出很多的心血，但你也能找到属于你的乐趣。学习要勤奋、刻苦没错，但也许很多人对这两个词有着什么误解。

### 1. 勤奋、刻苦不是愚笨的近义词

我们说"笨鸟先飞"，但其实同坐一个教室的人又能差得了多少呢？很多看起来比你优秀的同学，也许只是"积跬步而成千里"了吧。就像《师说》里说的："人非生而知之者，孰能无惑？"即便是真正的天才，也不可能突然明白一切，唯有后天的不断输入，才能造就强大的输出。

但是，有少部分同学错误理解了天赋的作用，总要或真或假地摆出"我一点儿都不努力但成绩也还可以"的样子，冠冕堂皇地称勤学苦学是死读书，是为素质教育所盛行的今天所不容的。可这样只是自欺欺人，画地为牢。我害怕你将来后悔的时候说出"我本可以"。

如果你真的想证明自己，就和大家一起付出努力，拿到自己能力范围内最好的结果。勤奋刻苦不是聪明的体现，但它是智慧的体现，是最高的策略。一切策略都需要坚持执行，而坚持本身就是最重要的策略。

### 2. 我希望你不要真的"拼上老命"

大多数同学也许能在高三时意识到自己身上所背负的寄托——来自自己的、亲人的、老师的、朋友的寄托。这时，有些同学也许又会陷入另一个极端，总是给自己强加上过载的心理负担，没日没夜地学习。可是，如果长此以往，不是你的身体先垮掉，就是你的精神先崩溃。

你需要在一个合理、适度的时间安排下进行你的学习与生活。这个适度，往往因人而异，所以不要随便拿别人的标准强加于己。我知道有人 12 点睡 5 点醒，不睡午觉却一直精神很好；我也知道有人 10 点多就睡，中午还要补觉。总而言之，收获 = 时间 × 效率，请找到你自己的最优解。

## 二、你不是一个人在奋斗

要说高中最怀念的，除了那些一去不复返的青春光阴，就要数陪伴我们一路走来的老师和同学们了吧。

在你很多次难以坚持的时候，在你很多次迷茫无措的时候，都是这样一群人相伴你左右。

我还记得心情特别不好的那个晚上，和同学一起漫步、聊天于静谧的校园；我还记得大考结束后，大家一起去蹭逢七优惠的华莱士；我还记得全班人积聚力量共同呈现的元旦晚会……

同学之间也许有竞争、有摩擦、有争斗，但我们的目标是一致的，我们应该团结在一个共同的未来期许之下，互相帮扶，一起前进。因此，你一定要处理好与同学之间的关系，不一定要和人人都做朋友，但可以做一起同窗的战友。

我至今记忆犹新的是班里的一股"歪风邪气"：竞相卖弱，暗地偷学。这种现象一开始也许只是自我鞭策的玩笑，后来却成为各路人马寒暄的常用语。可是在这背后，我看到更多人在开玩笑的时候其实也在努力啊，总不能让别人的夸赞永远是虚伪的吧？

最让我感到好笑的是同学们之间的各种强烈推荐，以至于书店常常会有资料书或者试卷售空的现象；又或者是老师对有的问题一时没讲清楚，班里立刻展开紧急互救，你问我、我问他，最终也能有所收获。

那些陪我们一路走来的老师们，也让人难以忘记。

在高中学习中，老师的重要性不言而喻，而我就十分庆幸地碰上了一群很好的老师。

授课是老师的基本任务，而老师的真正作用就是所谓的"立德树人"，听起来也许假大空，可很多老师就是如此生动地诠释着这几个字。

不管是原高三的老师还是复读时的老师，我都十分感谢他们对我的帮助。我印象特别深刻的是在某次语文考试失利后，几位老师与我谈话的场景。

我先是去找了语文胡老师面批试卷。当时我勉强及格，去办公室的路上内心是十分痛苦的。到了语文办公室，胡老师没有厉声批评我，也没有一味安慰我，他只是用一种不怒而威的态度认认真真地分析着我的问题。

我当时真的是强忍着眼泪的，一句"这些问题很早我就指出了，你可以反思一下你有没有认真改正"直击我心。虽然这段经历并不愉快，却提醒我在后来的语文学习上奋力追补。

大概是隔几天的晚饭时间，我到政史地办公室去，恰巧熊老师问起此事，他又细心开导了我一番。熊老师不断地为我树立信心，并且帮我分析了我的现状，给了我很多建议，让我在此后的复习备考中有了更科学合理的规划。

这只是我在日常中选取的两个小小画面，事实上，在很多我看不到的地方，我相信他们也在帮助着其他同学。

老师们都是愿意帮助学生成长的，所以完全不用怕老师，同学们可以大胆地去找他们分析试卷、谈心聊天……但在与老师的相处过程中，你需要注意礼貌，如果老师有事情要处理，可以先约好时间；问题解决后一定要记得道谢。在更多的时候，问题的答案并不重要，你需要感受的是思维的过程，这对你的学习会有更大的帮助。

# 三、运筹帷幄之中，决胜千里之外

我没有什么具体的学习方法和大家分享，毕竟这种东西还是因人而异的。但我有更广泛意义上的学习方法想要告诉你们，那就是做好战略规划。

在复读的一年里，班主任一直要求我们做计划、做计划、做计划！我虽然经常忘记，但在自己的心里有一定的规划。从现在到高考还有几个月，到每个时间节点，我要达到什么目标，或者说我要有什么样的状态，我心里是有一个数的。

我和大多数同学一样，常常犯懒、拖延，计划也常常需要随时调整，所以计划还是订得稍微宽松些吧，以备不时之变。

同样，做计划的具体 tips，百度、知乎上都有，但有一件事你要明确：你做规划、做计划的目的是什么？不要只是为了欺骗自己，假想自己有多努力；更不要只是为了完成清单上的任务。你做的计划应该帮助你解决现阶段的一些问题，能让你的每一天变得充实，即便因为不可抗原因没有完成，也就没有关系了。

请时刻保持思考：你这样做到底是为了什么？你的计划达到目的了吗？怎么修改？怎么完善？有些内容，你不妨和老师、同学们好好地交流交流。

没有晚自习的周六，吃完晚饭后，我有时也会一个人走在校园里，仰望着西斜的落日，思索着未来的安排。我觉得大部分人需要一段独处的时光，用来真正地思考（不一定是思考人生，但应该用更为宏大的视角去看待最近的得与失）。

最后说说心态，这个真的很重要。

## 1. 不要过度紧张

在高考之前的所有考试都没那么重要，没必要只盯着分数不放，在整个备考过程中要脚踏实地，只要自己认认真真地付出过，就请相信自己的实力。

说实话，我第一年的高考就可以当反面例子来讲。

当时我拿到了清华的 10 分加分（后来也拿到了北大的 10 分），就感觉自

己身上似乎背负着某种责任，一定要考上清北，可是越临近高考，越觉得自己非常的差劲。

当时数学钱老师说："有的人认为高考是高三学生的事，可高考真正考查的是你这三年到底付出了多少。"听过这番话，我便懊悔不已，感觉自己这三年都荒废过去了，整个人非常没有信心。之前，我总是懒懒散散的样子，想着到高三要多下些功夫，然而我又推到了高三下学期，推到百天……等到最后两个星期我确实认认真真发力了，可是越努力就越憎恨以前的自己，最后高考并没有考到自己理想的结果。

其实客观分析，我的基础还算不错，之前虽然没有那么拼命，但那些知识我基本都掌握了。我真正败给的是自己的心态。

心态和努力是相辅相成的。意志坚定的人做什么都能有一番成就，然而一般人没有那样的高度，所以有的时候努力，更看重的是它给你带来的那份踏实感。良好的心态需要调节，也需要点点滴滴的付出。

### 2. 也不要吊儿郎当

听同学讲过一件事：武汉外校的一名竞赛生与北大签约了降一本线录取的协议，可是最后高考成绩出来，他就差了那么 1 分。有人感叹这是何等的造化弄人，可是先掉以轻心的不是这名同学吗？

我们谈论的不一定是高考，因为人生本来就需要平和的心态。我们的心情会随着身边的人与事波澜起伏，可是潮水会退去，大海会平静下来，我们也是。不指望自己有"不以物喜，不以己悲"的高度，但外在的喜怒哀乐需要释放，内在的淡泊平静需要坚守。

### 3. 拿下高考，再谈人生

虽说看淡高考，但也别把它不当一回事儿。在一个眼界和能力都不能称得上成熟的阶段，别再过分关注那些无关的东西了。对于现在这个时间节点的你来说，高考无疑是重要的，但也不要让它挤占你所有的生活。你不需要战胜它，只需要和它友好相处。

你只知道担心高考，却可曾知道它其实也在为你而担心：勇敢的少年啊，我已发出诚邀，你可会相许？

**点　评**

在我的印象中，王振同学爱学习、勤思考、善反思、乐分享，扎实的学习功底铸就了他沉稳大方的气质，良好的心理素质成就了他的高考大捷。这篇文章体现了他会学习、会请教、会休息的习惯，思路清晰，条分缕析，语言通俗又不失文采，对学弟、学妹们裨益颇多。人生是一趟单程列车，我希望王振永远保持坚韧不拔的毅力，成功到达理想的驿站。

（吴继武老师）

# 回顾我的高中学习生活
## ——默默无闻的我终于逆袭成为黑马

黄冈中学 2021 届高三（8）班 / 杨　俊

**档案资料**

姓　　名：杨　俊
院校专业：北京大学药学院药学专业
爱　　好：乒乓球、动漫、阅读
座 右 铭：执着于理想，纯粹于当下

　　我是 2021 届高三（8）班的杨俊，目前在北京大学药学院就读，很荣幸受邀撰稿。高中的生活着实让人难以忘却，并未随着时间的推移而在脑海中慢慢变淡，如今回忆一下，与学弟、学妹们分享一点我个人的学习经验。

## 一、进入黄高学习是我人生的转折点

　　为什么来到黄高？因为它让我感觉自己距离清北很近，近到只要达到学校的一定排名，就可以进入梦寐以求的名校；也因为它有很多名师。来到黄高，我在潜意识里认为自己未来一定能进入清北，因为它的名声太大了，在我的家乡，人们甚至会误以为它是一所高校。但是在黄高学习了一段时间后，老师对我们说得最多的便是"放松心态"，无他，这里群英荟萃，初中的优势在这里不值一提，甚至很多同学已经学习了高中课程。

　　我从未觉得自己比别人优秀，我只是想成为内心优秀的自己。初中我就想象过自己身处黄高的校园，在梦想中的校园里度过高中三年一定是一件有意义的事情。来到黄高校园之后，新的梦想也萌芽了：我想去见见更广阔的世界。我们需要一些幻想来支撑我们前行，即使它是空中楼阁。

按照黄高的培养机制，理科在新高考之前会预录选拔一部分学生，最终分出九班（竞赛班）、七班和八班（特优班或清北班）。我们是第一届新高考考生，采用 3+1+2 模式，可以自由组合、选择最适合自己的学科。我当时就想选理生地，纠结一番后还是选择了数理化，因为这个组合匹配的大学专业更多。我的高中成绩只能算中等，从分班考试到最后高考，班级排名一直是三十左右，考得差的时候在班上五十名开外，考得好的时候能进入班上前十。据班主任统计，我历次大考的综合排名为班上三十一名，但高考是我发挥最好的一次，似乎也是一个波峰，在此之前的八省联考却跌入了低谷。我觉得学习是一个"闷声发大财"的过程，所以每当大型考试考得不是很理想时，我即使难受也不会太在意，只会去找漏洞弥补。

我在班上是默默无闻型的，对我影响最大的事是班主任彭老师在高二时在班上公开说："像杨俊这样低调踏实的同学一定会成为高考的一匹黑马！"仔细想来这句话对我影响还是很大的，既然要做黑马，就要时刻做好一鸣惊人的准备，高考后同学们对我的评价就是"一匹黑马"。图书馆有一面高考光荣榜，老师总是让我们看看排名对应的学校。我高一时的目标就是进入年级前三十，因为学校每年考上清北的人数差不多就是如此，后来才知道他们主要是靠竞赛加分上清北的。我对于成绩的判断从学校排名改成了分数，基本上每年老师都会让我们写下自己的目标，甚至让我们组队找相关大学的资料并介绍给其他同学。当时我想要达到的目标分数是 675 分，目标大学是北航，但是我最后决定去学药学，其中有对生物方面的兴趣使然，也可能受到新冠疫情的影响。我喜欢在卡片上写下目标的总分和各科分数，考后进行对比，总结一下哪些地方需要提升。最后的高考也是如此，我发现高考是我发挥得最好的一次，虽然只有三门学科达到预定要求，但是也足够考上名校了。

## 二、关于考试和学科的感想

一周六次考试，在我们学校是雷打不动的，考到最后，我们甚至把高考当成平常考试对待了。考试增多后随之而来的便是改错，除了语文，各科考试都有改错要求。我认为最好的改错只需要改一次，但是这一次你必须思考得明白透彻，彻底掌握才行，最后看自己的改错本就轻松很多了。但是我还是喜欢借别人的改错本看看，不仅赏心悦目，而且能发现自己更多的不足。同时改错本应该不断变化，整理归纳的改错会在最终的考试中起到出人意料的作用；而且临近高考复习时，考生的心里都是紧张浮躁的，学习效率会大打折扣，这时看看改错本的精华部分也是可以的。

数学绝对是高考中的拉分学科，分值大，时间紧，但是如果能将简单题的分数都拿到手也是很可观的。要说难题，大多是最后两道题，我一般不会跟它们死磕，想了一会儿若还没有思路，发现不是一时半会儿能解决的，我就跳过了；对于后面容易的题，我会加快速度，避免造成时间紧张的后果，但也不是一味地追求速度，一般做完一道题后，我都会将数据代入核验一下，无误后做好标记，暂时就不会管它了。对不确定的答案，若有时间就会优先检查，优先级还在那些难题之上，我只能保证将自己做的题的分数拿全拿满。我们学校最重视的可能就是数学了，每周两次考试。平时我基本能拿到 130 左右的分数；大型考试会比平时简单很多，可以拿到 140 分以上；高考题的难度不及我们平时训练的，毕竟参加考试的不仅仅是我们省级重点高中的考生。

我的高中三年的数学改错都集中在一个厚本子里，后来发现活页似乎更加方便整理，于是最后的时间里我将其按不同的题型进行了整理，基本都是三年里考试中经历过的自己觉得有意义的题目。于我而言，大部分是选择题第 11、12 题，填空题第 16、24 题。其他的题，即便是那些经常犯错的题，也多是因为自己做的时候思路混乱而导致的，思路清晰时自然就没问题。现在回想起来，2021 年高考中的压轴题，我平时都训练过，相信其他复习扎实的考生基本都能解出来。

生化在我们这一届高考中采取赋分制，不会被别人拉开很大的差距。对于这两门学科，我当时的做法就是看教科书，计算的部分确实比不上数学，公式也没有物理多，只需要多看、多理解概念和方程式，不必准确说出知识点在哪一页，重要的是知道定义等。在我们学校，这两门学科也是有小早读的，生化两科的背记主要在这时完成，基本也能达到目标。

语文算是我在高中很喜欢的一门课程了。虽然语文老师经常会讲着讲着偏离了教材与课堂内容，同学们调侃语文老师在"放飞自我"，但是这些新奇有趣的知识对我们也是很有帮助的，毕竟语文课本里讲的内容不算多，主要在于我们日常的落实。对于语文考试，我至今钻研得还不够透彻，语文老师也调侃语文是一门玄学，但是千真万确，最后高考时我的语文拿到了120分以上。仔细想想，自认为学语文还是有一些小技巧的。

首先是"颗粒归仓"，该拿的分别丢了。这对于任何一个学科都是如此。像古文默写、文化常识等题的分数丢了就相当可惜了，而这些无外乎背记，这是你能掌控在自己手里的分数。毕竟阅读是较难掌控的，如果没有读懂文本或是与出题人的思路不在一个频道上，就很有可能全军覆没。作文方面也是需要背的。我们的语文老师曾以自身为例进行说明：高考前夕背了几十篇优秀的文章，写作文时将好的句子组合一下，精彩开头让阅卷老师眼前一亮，中间部分核心段落论证清晰有力，用鲜活素材充实一下，结尾再加以升华，一篇好的文章差不多就此诞生。其实用好的摘句修饰一下，加上自己内在的感情是真挚的，文章一般也不会差。因此，平时看到好的文章，我都会忍不住记下来，或者有感而发觉得不错的也会记录下来。每次考完，语文老师都会印发优秀范文，这对我们的写作帮助很大。说来惭愧，字体工整也是加分项，但是我只能做到让阅卷老师不反感，其实笔迹略粗一点整体上会显得美观一些（呵呵，来自一个字丑的学渣的尝试），而且到了大学之后，一手好字基本上是标配，大学同学的字都比我的好看。阅读方面，记住相关题型的答题模板，对应填入即可。有关情节方面的，自己也会在文中相应部分画线，但是感情确实很难琢磨，有时候也要代入背景。可能是自己的感受：课外读物读多了有助于对文章的理解。学校的娱乐方式很少，看书会让自己放松一下，而且每个班级基本上都建立了自己的图书角，学校也有相应的阅读课，报纸、杂志等可以让我们了解当下时政，写文章时也可以运用这些鲜活的例子，同时还能缓解学习的压力。

我感觉在高考中英语发挥得不是很好，仅有 131 分，而同学中很多人考到了 140 分，这可能与自己只注重词汇、词组有关。我当时认为，如果词汇、词组都认识，就可以将英语视为简单很多的语文，然而事实并非如此。听力只能靠捕捉重点词汇来选择答案。而阅读方面，我也会在文中相应部分画线。写作方面，字体不美观的可以尝试画 1/3 线，亲身经历感觉有用，想凑词数的可以套模板，短语可以替换成高级一些的，高级一些的往往词数多一些。

再谈谈物理，这是一门很有趣的学科，记住了相应的公式一般就没有问题了。考来考去只有那么几个公式，结合具体的题型代入计算即可。按照物理老师的说法，即使完全不明白题意，将公式写上也会给公式分的，注意公式要分步书写，一来便于检查，二来阅卷老师也更好给分。

## 三、其他感想

关于课外资料。我上高中时买了一些教辅资料，但是有很多没动，因为我觉得没有必要全部写满做完，我只选做对自己有益的题目，平时各科布置的作业题量基本上也够用了，何况还有每周的考试。面对错题、难题，我只求理解，截取下来后，过一段时间再做一遍以确保掌握。

关于强基计划。这本就是给在基础学科有天赋的同学的一次机会，当时班里大半同学报名了，但我依旧在专心于高考。强基计划是有资格要求的，比如竞赛或者高考达到强基线，不过一般只比录取线低 10 分左右，这就让很多人失去了强基资格。我虽然达标却没有报名，这让家人感到很遗憾，但我并没有感到后悔。据参加过强基计划的室友介绍，强基计划的题目难度与竞赛相当，当时他也没看懂，虽然都是选择题。

关于心态。我自认为心态还算不错。高二突发疫情，所有课程改为线上，网课对学习效率的影响还是很大的，回到学校复课后才逐渐转为正常。有人总是发挥很好，而我则是偶尔爆发一下，时好时坏，但这证明我有一定的学习爆发力。我的老师们也没有放弃我，数学老师说"他强由他强，清风拂山冈"，我记得尤为清晰。在高三最后的几次模拟考试中我的成绩也只是中规中矩，我想这不是高考，把握住高考这一次机会就可以了。平时考试够多了，同时考场还在自己学校，这样规模的考试，高中三年我们也经历过不少了，走进考场确实没有什么可以焦虑的，我们都习以为常了，相信大家高考时也会如此。高考结束后我便自知发挥不错，至少努力过了，结果是不会差的。高考查分当晚，亲朋好友都彻夜未眠，但是我睡得很好，直到天亮给家人打电话报喜时心情有些激动了，但是随后也就坦然了，我千真万确成了"那匹黑马"。

关于学习计划。老师比你更清楚怎样走向名校，毕竟他们带出了一届又一届的优秀学子。我所用到的学习方法都来源于老师，只不过对适合自己的才采用。例如，班主任强调的三年列计划，对我而言就是列任务。进入大学后我每天起床吃早饭也会在手机备忘录中列一下计划时间，虽然计划赶不上变化，但至少能让变化不打乱你的思绪。高中老师建议午休，到了大学后我才发现能躺在床上午休是一件很"奢侈"的事情，因为大学的同学们在高中都是没有午休的。我也很佩服他们能保持一整天的精神，但是我还是需要通过午休来养足精神，尽管可能还不到半小时的睡眠，下午也能精神很久。复习也要有自己的规划，从高考前几个月开始准备，每天复习哪些知识点也要做好记录。

## 四、最后的话

上了大学之后，回忆的全是高中的美好，自己也留有遗憾。高中三年，我总是保持沉默，在班级活动中更多地充当观众，所以在老师心目中这就是一个中规中矩的学生，直到班主任将我评价为"高考中最有可能的黑马"，最后的高考我也有幸成为黑马之一。确实，"乾坤未定，你我皆是黑马"，学校里总会有二十多个同学能考上清北，为什么我不能成为其中之一呢？

记忆中的高中一定是美好的，学弟、学妹们还在为这份美好而奋斗，希望我的点滴经验会对你们有所帮助。

## 点 评

　　苔花如米小，也学牡丹开。杨俊同学在当时的班级里不是最耀眼的那颗明星，平时考试，他在班级的排名并不靠前，年级排名也一般，高考却一鸣惊人，很多人深感意外。但我不觉得意外，因为他志存高远，心怀梦想。他敢于做梦，勤于织梦，巧于圆梦，载梦起航，最终如愿以偿。他不急不躁，踏实笃定，行事低调，为人谦和，那种兢兢业业、勤勤恳恳的学习态度，一步一个脚印的踏实品格，无论是学习还是工作，都会受人青睐。他的确是励志的典范，我把他在历次大考中的分数分享给学弟、学妹们，很是激励了那些天赋不算绝顶的学子。杨俊个人对高中学习的回顾，语言朴实，一如其人，但是很真实，很实用，都是干货。他多次提到的"黑马"论断，真对他产生了一定的激励作用。看来老师偶尔一句话或许真的会改变一个学生的命运，我以后要尽可能地多鼓励学生。当然鼓励也要看准人，毕竟伯乐相马，还得看这匹马自身的禀赋、努力和造化。

（彭北海老师）

221

# 再接再厉，久久为功
## ——普普通通的我，靠扎扎实实走向了清华

黄冈中学 2021 届高三（14）班 / 李佳凤

**档案资料**

**姓　　名：** 李佳凤
**院校专业：** 清华大学经济与金融专业
**爱　　好：** 羽毛球、电影、音乐、旅游
**座 右 铭：** 无论身处何方，陷于何种境地，都要试着去做环
境的主人，向下生根，向上开花

　　回想起高中三年的学习生活，我的第一感觉是比水还平淡，但越回味越是觉得水面之下波涛滚滚。我想用几个词来概括这三年：信念、时间、效率。

　　信念是我相信努力会有回报，我相信为梦想所付出的努力都会成为实现梦想的燃料。我也会合理地安排各项时间，想方设法提高效率，在收获中进步，在进步中收获。

　　我想先同大家分享一下我高中三年大概的学习历程。

## 一、高一迷迷糊糊

　　我的中考分数超过分数线零点几分，"惊险地"考上了黄高。我知道这里藏龙卧虎、高手如云，但看到分数条上上百的排名时还是忍不住失落丧气。我能做的只是按照班主任教导的：做好计划，取长补短。九科的压力让人有些喘不过气，但我尽力去弄明白每个知识点、每道练习题。为了按时交作业，我开

始熬夜，但最终不仅没有感动到自己，还带来了白天的疲惫与低效。我不愿意进入"熬夜—低效—熬夜"的恶性循环，所以在班主任的提醒下改进了做计划的方式（具体化、合理化）、利用好琐碎时间，尽力但不透支。

高一下学期分科，我选了历史、政治、生物。我不能说这是最好的组合，却是最适合我自己的组合（希望大家也能找到最适合自己的选科组合，给出一点点建议：结合自身兴趣、学习习惯、老师建议、未来方向）。

分科后我感觉轻松了不少，新鲜感也维持了很久，我与学习友好相处。真正使我认清自身实力的是期中考试，本来觉得这毕竟是分科后的第一场考试，没考好反而说明自己还有很大的进步空间，于是放平心态，没想到考到了年级第三名。我曾把复旦大学作为自己的目标学校，没有考虑清北，但这次考试后班主任袁老师告诉我：你有机会上清北。我不记得自己当时是怎样想的，可能多少有点震惊吧，毕竟这高出了我对自己的定位。他还说："如果你把清北当作目标，不说人大，武大肯定没问题。"我当时信心倍增。

但在后半学期短板渐渐暴露：生物成了最让我头疼的学科（后来反思的时候才明白是因为时间投入不够、上课不够专注），语文成绩起起伏伏（这个应该是因为时间不够和基础不好），数学大考失利（心态问题），历史选择题（永远的痛）总能"致命"……唯一觉得欣慰的是做作业的速度提高了不少（可能牺牲了做笔记和认真思考的时间吧，越学越认识到作业是做不完的）。高一期末考试算是一次打击——年级二十多名，班上接近第十名，有一种从高处重重跌落的感觉，以前我总觉得再怎么考都有数学"撑腰"，但那次比最高分低30分的数学成绩简直"打折了我的腰"。我开始怀疑自己的学习方法和能力，也安慰自己"有了更大的进步空间"，并对前段时间的学习和考试情况做了总结和反思。袁老师对我悉心开导，让我坚定目标、坚持自己的好习惯。

暑假时突然有个疯狂的想法：我想考北大。这或许是不甘于平庸，或许是一时脑子发热，但这个想法从此刻在了我的脑子里。那时我还不知道要付出多少、怎样付出才能考上北大。八月份在学校培优，有幸与历史方向最优秀的同学们一起学习，白天上课、自习，晚上看书、查单词，周六晚上做做想做的事情，周日下午四处活动。虽然有很多难题、有很大压力，但在那种学习氛围下学习让人感觉很充实。

## 二、高二跌跌撞撞

在这种良好的学习状态下，我在高二上学期期中考试中考到了年级第二名，之前减少的信心一下子回来了。每天认真做出详细的计划，上课好好听讲、做笔记，课后整理笔记、复习知识点，认真完成作业上的每一道题，整理好每一道错题，我感觉到自己的水平在缓缓提升。但很快我迎来了三年中的第一段低谷期，期末考试又回到了二十多名，在接下来几个月的网课学习中，垮得越来越厉害。

刚开始上网课时，尽管每堂课我都在听，每次都整理了笔记，每次作业都做完了，但一次又一次降低的月考分数和排名实在是折磨人。再加上外界因素的干扰，内心的信念有所松动，我开始质疑努力的意义。在同学的提醒和袁老师的开导下，我反思了自己网课前期的学习状态，找到了问题——杂念太多。我算是个有自律意识的人，所以在意识到问题后，我强迫自己不要受外界环境的过度干扰：让计划本来帮忙，把每一天都安排得满满的；拿出心爱的本子，让自己心甘情愿地认真整理笔记、错题；开着倍速听完听力，然后背几十个单词；积极找老师问问题，并按时完成他们额外布置的任务……这种有规律的日子持续了两三个月，我也不急着知道这些努力能否带来让自己满意的成绩。

网课最后一次考试我回到了年级前十名，开学后高三前的最后一场考试我考到了年级第三名，在不追求结果的状态下考出的成绩不会差，这大概是因为我的心态慢慢成熟了。

## 三、高三清清楚楚

进入高三后，我对自己的定位和目标越来越清晰。我很清楚自己目前的能力还配不上北大，于是在完成常规任务的同时给自己"加餐"——刷数学题，每天一篇文言文加查词，两天一套英语卷子……不知不觉我又经历了两次月考

失利，两次联考回归。其间我一直在补短板（语文）、反思学习方法。

我报名了清华的文科营和北大的寒假课堂，没想到通过了清华的审核但没通过北大的审核。在清华文科营的时光刷新了我对清华大学的认识，小而精的人文学科、多元的培养体系、行胜于言的严谨学风、清雅的校园环境都深深地吸引着我。尽管别人说文科生适合去北大、清华比北大难考，但我还是想往那座更高的山冲一冲。我安慰自己：感觉到难是因为在走上坡路。

八省联考、期末考试、三月调考……到了高三下学期就是几次紧张而珍贵的月考和模拟考试了。在三月的十一校联考后，我的成绩才逐渐稳定下来。不能停留，本着找问题的思维，每次大考都成了我找问题的绝佳机会，几乎每张答题卡都经过了自己和科任老师的仔细分析、评价，直到适应性考试。

高三最后几个月的冲刺期难免会产生疲惫感。我最疲惫的一次是二模出分数时，前三科超常发挥，后三科失常，好大的落差啊！我感到身心俱疲，听不进课就去找班主任聊天。有位高情商的班主任真是一大幸事，他让我看到了自己的优点，让我相信不管高考结果如何，我的好习惯依然会照亮前路，让我能坦坦荡荡地面对并改正自己的问题，让我再接再厉，久久为功。

我是那种在人堆里不算起眼的人，也是那种愿意为梦想不断付出的人。我希望自己走的每一步都很踏实，未来不需要回过头来担忧，就像对待高一、高二的基础时期，题目一道道地想、一道道地做、一道道地改错。可能这种对扎实基础和稳定能力的追求成就了我的高考成绩吧。

再与大家分享一些学习方法（网上资源非常丰富，其实每个人都有自己的学习方法，经过不断调整、取长补短后，适合自己的方法就是好方法）。

### 1. 语文

小小积累本（便捷、喜欢，做起笔记来就会心情好的那种）：想记什么就记什么，成语、名言、实词、作文技法、注意事项……专门用来记零碎的知识点，怎么开心怎么记，有条理就行。爱惜这个宝贝的表现就是多多复习，课间翻一翻，睡前看一看，考前记一记。

活页万能笔记改错本：分模块整理笔记、答题术语、例题、错题、作文素材（我在高三才开始分块整理，这样便于考前复习和考后补充）。

语文老师给我分析了我历次大考的语文成绩。为了补短板，我读了很多文言文小片段，积累《中国古代诗歌散文欣赏》中的实词和课外实词，翻译古诗，作文训练（主要是列提纲；在大考中，语文多次拖我后腿，让我感到很无助，但非常感谢语文老师不厌其烦地带着我找问题，指导我补弱项，关注我在过程中的进步）……

## 2. 数学

（喜欢数学，偶尔为成绩发愁）

分主题整理笔记：让脑子里的数学知识体系化，及时更新。

整理错题：改错不只是把错题再做一遍，配上错因分析、思路提示、解法技巧、一题多解、应用知识、总结反思等效果更佳。

错误集锦：在错题本上找个专区分条记录做练习和考试时犯下的低级错误（易错提示），也可以记不熟悉的知识点（自由发挥），利用好了就是块宝，既可以节省改错时间和空间，也便于考前复习。

知识点串联：平时看到一个知识点后联想相关知识点、一级结论、二级结论，开阔思路，多角度思考问题。

给人讲题：这是个主动回忆的过程，于己于人都有利。

## 3. 英语

（喜欢英语）

单词本：人人必备。

作文积累本：用来贴易于模仿的优秀作文，摘抄佳句，也可以贴上自己的高分作文，分析得高分的原因（我们老师强调作文要流畅，字迹、表达、逻辑都要流畅，再适度用一些高级表达，推荐《试题调研（第 5 辑）》）。

坚持训练：到了高三大概每两天做一套卷子，每周抽时间复习错题。

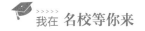

### 4. 历史

多读书，打基础。带着框架读，尤其注意小标题和结论句，说不定就成了主观题答案（熊老师教我们"整体读、重点读、关键读"）。

选择题训练。不管平时的选择题解析有多么不可理喻，我们要相信高考题基本上是基础题，没有争议，取其可取之处即可，不纠结。

主观题、小专题总结，结合课本、参考答案、教辅。

答题卡面评 + 自我总结（每次找熊老师面评，他都会带着我透彻地分析问题，若时间有限，他就在我的答题卡上留下满面小红字，我好感动）。

### 5. 政治

（按照袁老师的指导做好积累，本学科没怎么额外花时间）

利用小本子解决小知识点。

在笔记本上整理标题，搭建框架，还可以整理答题模板。

在改错本上分经政文哲整理错题，包括答题构思、术语整理，并简述相关话题。

答题卡面评。

## 四、状态

深度学习。这是在书上看到的，在深度学习的状态下，人的抗干扰能力是很强的，学习的效率也很高，但一天中能达到这种学习状态的时间非常有限。

规律。每天在相同的时间做相同的事，养成习惯，更容易进入深度学习状态。

## 五、习惯

做计划。包括日计划、周计划、月计划、复习计划……任务要具体，时间要合理。

挤时间。时间有限，学习无限，要给琐碎时间和整块时间安排合理的任务。

不拖延。假期自律很重要，把作业拖到开学前狂补应该很痛苦吧。

## 六、考试

心态。每次大考都是磨炼心态的好机会。

面评。高三中后期每一场大考结束后，我会拿着答题卡去找各科老师面评，找出自己的问题并改正（建议预约）。做面评答题卡是件费时的事，也让老师很辛苦，特别是发现自己一错再错时，会觉得惭愧，但找出问题才能体现这些大考的真正意义。

总结。总结优缺点、学习方法和状态、考试技巧，然后做出下一步规划，这些都是考后必不可少的环节。

少犯低级错误＝正常发挥＝超常发挥。

## 七、放松

课间看看校园里的树。

周六小短假去校外享受美食，囤积下周"粮食"（零食），和小伙伴在校内小道上散步吹晚风……

体育课跟小伙伴去打球，在下节课的预备铃响起前掐点进教室。

我一直觉得自己很会自我安慰。历史考试中选择题错多了，我就安慰自己"题目不规范"；考试失利就安慰自己"问题都暴露出来了"；学累了就畅想高考完后的恣意生活，告诉自己考过一次第一就可能有第二次；英语作文分数不高就安慰自己是因为老师没仔细看（当然，有时候自己也有问题）……自我安慰是为了舒缓情绪，但也要切合实际。如果实在安慰不了自己，可以去找喜欢的老师谈谈心——问题总需要解决。

除了套卷和常规练习，我在高中三年没有做完过其他的教辅，也很少刷题，但我能保证每次作业的质量，保证每次考试的效果，保证每次总结反思足够深刻。

黄冈中学是个适合学习的地方，这里有优美的环境、完善的设施、可敬的老师、友善的同学。在这里，我学会了计划、反思、总结，也学会了以师为友，与同学互帮互助，共同进步。

在这三年曲折的学习生活里，我一直在告诉自己：要坚持、要尽力，结果不一定好，但我会努力让结果不至于太差。或许很多时候你会觉得努力了也看不到收获，并不是这样的，因为收获不仅仅指漂亮的分数，还可以是能力的提升、心态的成熟，坚持久一点，收获多一点，不求多么耀眼，但求问心无愧，姑且不论结果。

愿步入高中的同学们再接再厉，久久为功，度过辛苦而充实的三年时光！

## 点 评

李佳凤同学是一个品学兼优的好学生，她学习勤奋，认真刻苦，遵守纪律，品质良好。作为数学课代表，她在工作上尽心尽力，总是积极认真地完成我交给她的每一项任务。在课堂上，她总是专心听课，积极思考老师提出的问题，认真做好笔记；在课下，她经常带着问题去同各科老师交流，不断反思和总结学习中的经验教训，并在与同学的交流和探讨中相互鼓励，共同进步。她有着良好的学习习惯，也不忘从身边取长补短，不断改进自己的学习方法。她性格沉静又带着几分倔强，因为一心追逐名校梦而显得异常坚定。

她踏实、勤奋、刻苦的学习精神可以成为任何人的榜样，锲而不舍、一丝不苟的学习态度更是她成绩稳步上升的重要保障。人生最需要的是拼搏，最难得的是坚持。希望勤奋好学的她再接再厉，勇敢追逐自己的梦想。

（蔡盛老师）